FABIO SALVADORI

UN DIVANO SPAZIALE

La Rivoluzione Ecosostenibile Del Mobile Imbottito Parla Italiano

Titolo

UN DIVANO SPAZIALE

Autore

Fabio Salvadori

Editore

Bruno Editore

Sito internet

http://www.brunoeditore.it

Sommario

Ad Annarita, per esserci da sempre

A Lisa e Anita e al loro spirito di indipendenza

Ai miei preziosi compagni di viaggio

Prefazione

Ho conosciuto Fabio in occasione di uno dei miei corsi. Fabio è un uomo all'apparenza come tanti, di provincia come me, che cresce con la fortissima curiosità di trovare il suo posto nel mondo e con l'idea di realizzare qualcosa di buono da regalare alle prossime generazioni, per lasciare un segno, come uomo e come imprenditore.

Con una scrittura colloquiale e diretta, Fabio ci porta nel suo mondo fatto di mille interessi, di incontri che cambiano la vita, di battute d'arresto da cui si è subito rialzato, di esperienze memorabili, il tutto raccontato con la determinazione di chi ha vissuto e che ancora vive sulla sua propria pelle, passo dopo passo, l'emozione di essere imprenditore.

Un racconto di formazione in prima persona, attraverso il quale scoprirete come un giovane ingegnere pieno di domande e di curiosità sul proprio futuro, a poco a poco diventa un uomo d'affari con un chiaro messaggio di positività verso il mondo che verrà.

In Italia si sa, creare un'azienda da zero è molto difficile: la burocrazia che rallenta qualsiasi procedura, un sistema creditizio a dir poco ingessato, i clienti che non arrivano come e quando vorremmo o i fornitori che ci lasciano a piedi proprio nel momento del bisogno.

Rinunciare ai propri sogni per vivere "comodamente" in un qualche impiego "garantito", soprattutto per chi ha le competenze e il curriculum per concorrere a tale posizione, sarebbe di gran lunga più facile. Ma non per Fabio che, come tanti imprenditori che conosco, dimostra una determinazione ancora più forte ogni volta che una porta si chiude o che un problema sembra insormontabile.

Con i suoi modelli-guida, i suoi mentori di riferimento e la sua famiglia a supporto, Fabio racconta come gestisce, nel corso degli anni, i rischi e le opportunità, come riesce a superare ostacoli ed ottenere risultati, accrescendo la propria consapevolezza ad ogni vittoria e soprattutto ad ogni fallimento vissuto durante il suo percorso.

Anno dopo anno, difficoltà dopo difficoltà, Fabio acquisisce sempre di più la consapevolezza che, se lo scopo è chiaro, con l'impegno e la determinazione possiamo superare qualsiasi ostacolo. Tra le righe sprona i futuri imprenditori ad affrontare i problemi a testa alta, a non abbattersi anche quando tutto sembra avverso e a lottare sempre per realizzare i propri sogni.

Alfio Bardolla

Introduzione

Avevo 12 anni e mi trovavo presso l'abitazione di un mio compagno di scuola a svolgere i compiti a casa di matematica. Semplici espressioni, niente di particolarmente complicato. Eppure, non riuscivo a risolverle. A differenza di me, il mio amico era invece molto bravo e riusciva regolarmente a risolvere tutti i problemi.

Ricordo ancora, come fosse oggi, che a un certo punto sono scoppiato a piangere. E piangevo con convinzione. Non mi ritengo un debole e non lo ero allora; quel pianto non esprimeva quindi il mio modo di arrendermi ma era, con i miei dodici anni, il mio grido di battaglia.

Sono trascorsi tanti anni da allora e quel grido di battaglia continua ancora oggi. Ed è ciò che mi ha permesso non solo di risolvere quelle espressioni, ma di avere una carriera scolastica piuttosto brillante e di laurearmi con buoni voti in una facoltà abbastanza impegnativa.

Che cosa è successo quel pomeriggio? Che alla fine ho dato ragione alla mia convinzione secondo la quale sarei riuscito a risolvere quella espressione. Non sono speciale: avrei trovato il modo di avere ragione anche se fossi stato convinto del contrario, in quel caso avrei mollato ed oggi probabilmente sarei qui a raccontarvi una storia diversa.

Quel pomeriggio è stato, quindi, molto importante per me, perché ho imparato su me stesso che qualsiasi cosa nella quale ci impegniamo, credendoci fermamente, abbiamo buone possibilità di portarla a termine. Si parte da qui.

Mi chiamo Fabio Salvadori e nella vita sono un imprenditore. Ho da poco superato la soglia dei 50 anni e ciò di cui voglio parlarvi in questo libro è la mia personale esperienza di vita, da quando ho affrontato quella banale espressione ad oggi. E di tutto ciò che da allora ho costruito, le difficoltà che ho incontrato e i risultati che ho raggiunto.

Il racconto non tratta di una storia finita quanto si presenta piuttosto come il diario di viaggio col quale voglio condividere il mio percorso fino ad oggi dal quale voglio ripartire verso il futuro che mi aspetta. Vabbè, direte, per fare questo salto non c'era bisogno di scrivere un libro e abbattere altri alberi.

Vero, ma intanto questo è un e-book, e gli alberi sono salvi, e inoltre scrivendo questo libro, che pure tratta della mia vita, mi sono concesso un'altra occasione per crescere e apprendere.

Sono convinto che molti di voi si riconosceranno nella mia personale esperienza che è quella di una persona animata da grandi aspettative e che giorno dopo giorno, affrontando e superando le difficoltà che il mondo del lavoro e la vita più in generale gli ha posto, perseverando, è riuscito a dare le gambe a quelle aspettative e conta, nel futuro, di continuare sulla stessa strada.

In questo libro presenterò per la prima volta, a chi già non la conosce, la tecnologia Polimex® che ho inventato anni fa e che mi ha permesso di essere oggi conosciuto da molte aziende del settore nel quale opero, quello dell'arredamento di design di fascia alta; racconterò perché è così innovativa, perché offre al cliente un reale valore e cercherò di anticipare alcune delle domande che di solito mi vengono poste.

Accennerò, inoltre, in anteprima, di una nuova tecnologia, che è stata immaginata, progettata e sviluppata all'interno della nostra azienda, Superevo®, che rappresenta il completamento della tecnologia Polimex® e il naturale ponte verso il nostro sviluppo futuro. Si parlerà di coaching, di tecniche di team building, di crescita personale e professionale, di mission e di valori.

Scorrendo nella lettura diventerà via via chiaro il messaggio che questo libro vuole trasmettere: che nella vita l'importante è provarci perché è l'atto di provarci che ci permette di esprimere fino in fondo la nostra intima natura di esseri umani.

Soltanto coloro che davvero provano a cambiare le cose, anche quando non ci riescono, sono il motore per il cambiamento e per l'evoluzione. Alla fine del libro vorrei essere riuscito a presentarvi il modello di lavoro di Superevo® e stimolato in qualcuno di voi la curiosità di provare a mettersi alla prova in qualcosa che da tempo lo sta aspettando. Spero di riuscirci.

Capitolo 1
Un concetto sopravvalutato

Quanti di voi si sentono perseguitati dalla sfortuna? Quanti pensano che il mondo ce l'abbia con loro e che non sia possibile invertire questa tendenza? Quanti di voi pensano che esistano persone più fortunate di voi e che il destino abbia deciso così?

Io credo invece che, se esiste davvero la fortuna, noi saremmo quelli che ne sono stati baciati fin dalla nascita. Senza aggiungere altro, rifletteteci per 10 secondi. Beh, allora? Quanti di voi ha adesso il coraggio di affermarlo guardandosi allo specchio? Quante volte, durante il corso della giornata, ci sentiamo insoddisfatti o riteniamo che il destino sia in debito con noi.

Anche senza rendercene conto coscientemente, spesso, è questo dialogo interno che contribuisce a rovinare le nostre giornate e a non farci godere appieno di ogni istante della nostra vita. E la cosa veramente paradossale è che noi non avremmo proprio nessuna ragione per essere infelici o per non ritenerci molto fortunati.

Siamo vivi, e già questo basterebbe. Ma in più, siamo mediamente in salute, abbiamo un tetto sotto cui ripararci e cibo a sufficienza, ci sembra poco? Abbiamo tutti quanti avuto la fortuna di nascere nella parte migliore del mondo, e questo voglio affermarlo senza falsa ipocrisia e senza tirare in ballo valutazioni di carattere sociale, politico, razziale.

Oh, ora possiamo dirlo, abbiamo proprio avuto c***! Oggi probabilmente saremmo a fare ragionamenti diversi se fossimo nati in un villaggio polveroso della regione subsahariana, senza acqua né cibo, in mezzo a lotte devastanti con il timore di essere sopraffatti da qualche malattia.

Invece, abbiamo avuto la fortuna di nascere in un paese evoluto, in un paese che, indipendentemente da come la si pensi, ci concede la libertà di pensiero e di espressione, che ci dà la possibilità di poter esprimere i nostri talenti.

Abbiamo avuto la possibilità di dire la nostra, di sbagliare e di rialzarci, di indirizzare la nostra vita nella direzione che preferiamo. Personalmente, mi riconosco fortunato ogni giorno, quando penso ai progetti che ho in testa, alle persone care che mi circondano, alle persone amiche che incontro ogni giorno e, in definitiva, a quanto mi piace fare la vita che faccio.

Quanti di voi hanno fatto una riflessione di questo genere nell'ultimo anno? Sono certo che saranno stati in pochi. C'è il lavoro, ci sono i figli, c'è la scadenza del mutuo da rispettare, c'è il coronavirus. Certo, potendo scegliere, avrei preferito nascere in una grande città che offre più opportunità umane, lavorative e di innovazione, e che avrebbe stimolato maggiormente le mie capacità.

Sì, perché per quanto i social network, Internet, la televisione possano avere uniformato la vita delle persone, l'ambiente che ci circonda e le relazioni che abbiamo quotidianamente influenza fortissimamente il nostro modo di pensare, la qualità della nostra vita e, anche se mi spiace dirlo, molte delle opportunità stesse che saremo in grado di costruirci durante la nostra vita personale e lavorativa. Ma comunque abbiamo avuto la fortuna di nascere nel mondo migliore di sempre.

È importante incontrare le persone giuste

A volte penso a questi 7,5 miliardi di persone che popolano la nostra terra come a tante formichine in moto casuale perenne. In questo moto ci saranno tanti urti casuali, tante interazioni fortuite che ci consentiranno di imbatterci in problemi inaspettati ma potrà capitare che, come per fortuna accade, ci imbattiamo nelle persone giuste.

E allora quanti gli incontri sbagliati! Il direttore di banca che si è rivelato veramente pessimo, il professore a scuola che non aveva chiaro l'obiettivo del proprio lavoro, l'amico che non era tale, ma magari cercava soltanto un'opportunità. L'amore sbagliato o tossico che ci ha bloccato per anni, il collega di lavoro che crea soltanto problemi; oppure le persone che antepongono le proprie debolezze e le proprie miserie a quello che, nel rapporto tra esseri umani, dovrebbe essere la cosa più importante, ovvero il restare umani ed essere utili agli altri.

Ripenso a volte alla mia esperienza passata e a quante persone sbagliate ho incontrato, persone che sul momento ho giudicato sbagliate e che, a distanza di anni, continuo a considerare tali. Colleghi di lavoro che hanno pensato a crearti difficoltà più che a vivere la loro vita, persone che hanno anteposto a tutto la loro voglia di sicurezza, le loro paure, persone che hanno abusato della loro posizione di privilegio o di forza e altre che vi hanno creato solo danni.

Si dice, però, che nella vita esistano due forze che orientano le nostre decisioni: piacere e dolore. Il dolore è quella sensazione che vi dà la forza di reagire, di cambiare finalmente una situazione negativa nella quale siete coinvolti, il piacere quella stella cometa che vi stimola positivamente a muovervi in una ben determinata direzione. Dolore e piacere sono entrambi importanti ed entrambi utili per migliorare la nostra vita.

Questo perché il dolore vi dà il calcio nel sedere per farvi cambiare drasticamente e repentinamente magari un'abitudine di vita sbagliata, un comportamento distruttivo, un'amicizia tossica, mentre il piacere vi attrae magicamente a sé, verso situazioni che migliorano e continuano nel tempo a migliorare la qualità della vostra vita e rappresenta, nel lungo periodo, il magnete che vi mantiene orientato verso comportamenti positivi.

Esiste un dolore che potremmo definire positivo, che è quello che vi consente di abbandonare un cattivo comportamento verso uno nuovo e più produttivo, e un dolore del tutto negativo che alimenta in voi un'attitudine masochista a farvi del male, senza apportare alcun beneficio. Ed esiste un piacere positivo, quello che ci stimola verso comportamenti positivi e che migliora drasticamente la qualità della nostra vita e un piacere negativo (a breve scadenza) che ci fa stare meglio ma che a lungo peggiora enormemente la qualità della nostra vita (tutti i vizi rappresentano un piacere a breve termine e negativo).

Gli incontri sbagliati li considero e vorrei li consideraste come un dolore positivo perché, seppure sul momento ci hanno fatto soffrire, nel lungo periodo hanno avuto il potere di migliorare enormemente la qualità della nostra vita. Sono quel calcio nel sedere che ci ha detto che era giunto il momento di cambiare.

Gli incontri sbagliati esistono proprio per darci la possibilità di cambiare e per farci apprezzare ancora di più ciò che di buono accade nella nostra vita. E se è vero che nel moto casuale delle anime capita di imbatterci in persone e situazioni che avremmo voluto evitarci, è altrettanto vero che, nella stessa maniera, possiamo incontrare le persone giuste. Quelle che cambiano drasticamente la qualità della nostra vita.

Le definisco "campioni": sono coloro che in una certa fase della nostra vita, e spesso in maniera inconsapevole, hanno rappresentato il punto di svolta e da quel momento tutto ha preso il verso giusto ed ha avuto un senso; un nuovo lavoro, un nuovo amore, una nuova speranza per il futuro.

Anch'io ho incontrato i miei campioni: nella lunga esperienza scolastica e universitaria, ad esempio, ho avuto modo di incontrare molti potenziali maestri; eppure, quello che ancora ricordo è un mio professore delle scuole medie che, senza

riservarmi trattamenti speciali ma facendomi sentire la sua fiducia, ha rappresentato un modello che ancora oggi mi ispira.
In ambito professionale ci sono persone che hanno ricoperto un ruolo importante e una in particolare che, in una fase importante della mia vita, ha rappresentato il punto di svolta dal quale, mi piace pensare, tutto è partito.

Quel moto casuale di cui parlavo, le esperienze che abbiamo avuto, le persone giuste e sbagliate che abbiamo incontrato, come risulterà a questo punto chiaro, ci suggeriscono che forse i concetti di fortuna e sfortuna sono concetti astratti che, quando va bene, rappresentano solamente la giustificazione a non agire.

Non sono così fortunato da poter ottenere quel risultato, quella persona è stata fortunata a raggiungere quel risultato, la fortuna non mi sta dando una mano. Quante volte siamo caduti in queste trappole. Si tratta soltanto di dichiarazioni di resa. Coloro che non hanno la volontà, la determinazione e la voglia di impegnarsi a raggiungere un qualsiasi obiettivo, danno la colpa al fatto che non sono nati ricchi, oppure fortunati, che non hanno conosciuto le persone giuste.

Quanto più mi impegno più divento fortunato
Penso invece che la fortuna ce la creiamo da soli. Ogni volta che

mi impegno di più e con maggiore persistenza a raggiungere un risultato, sento di essere più fortunato! È l'impegno nel nostro lavoro, nel crescere e migliorarci come persone che determina la nostra fortuna.

Durante la corsa delle bighe nell'antica Roma, immagino che i gladiatori avranno pensato ogni volta che ci sarebbe voluta una buona dose di fortuna per uscire vivi da quella gara. Eppure, come sarà capitato di leggere a molti di voi, anche a quel tempo esistevano i campioni sportivi. Vuol dire che non era il fato, o non solo il fato, a decretare il vincitore di ogni gara.

Pertanto, il primo principio che voglio affermare e condividere con voi è che la fortuna non esiste ovvero la fortuna non determina la nostra sorte. O che, se succede, succede solo in parte e che il controllo della nostra vita è sempre e comunque nelle nostre mani.

Non dico che la fortuna non sia importante, spesso è ciò che fa la differenza tra il raggiungere un risultato e non raggiungerlo. Ma, esattamente come quando non ero in grado di risolvere quella semplice espressione, ricorderete, non è stata la fortuna che mi ha dato la possibilità di risolverla quanto la mia perseveranza a cercarla.

E così quante volte avrete visto che un big della finanza o dell'imprenditoria riesce ad aggiungere risultati importanti. Non dico che la fortuna anche in quel caso non giochi magari un ruolo importante; ma l'impegno di lavoro, il team work e tutto ciò che quella persona è riuscito a mettere nel lavoro sono convinto che siano le vere ragioni che hanno reso possibile quel successo.

Oppure nel calcio, un'opportunità si presenta quando vi trovate davanti alla porta nel momento in cui arriva un pallone vagante che vuole solo essere messo in rete. Se capita una volta, può essere stato frutto del caso; ma se siete campioni dell'area di rigore è perché allora avete la capacità di leggere le situazioni e di "credere" che la palla arriverà. Non si tratta più di fortuna, ma di talento.

Pertanto, l'invito che faccio a tutti, e continuo a fare a me stesso, è di non sperare nella fortuna ma di pensare piuttosto a costruirci le condizioni nelle quali questa fortuna, magicamente, si manifesta.

La pazienza di insistere anche quando non arrivano i palloni

Quello che la gente definisce fortuna è il più delle volte talento, impegno e perseveranza. Continuando nella metafora calcistica, capita spesso di fare grandi sforzi e di non vedere mai arrivare un pallone. I campioni, e per campioni non intendo le meteore (di avere c*** capita a tutti), non sono coloro che hanno avuto la buona sorte di vincere un campionato, piuttosto coloro che sono arrivati ad occupare posizioni di rilievo, e a lottare ogni giorno per continuare a difendere quelle posizioni. Questo sono i campioni.

Cercate i vostri campioni, cercate i vostri veri modelli, coloro che vi ispirano, e abbandonate gli esempi negativi, ce ne sono molti, di coloro che vi vorrebbero bloccati nei vostri problemi e in quello che siete oggi.

Per tornare a quanto dicevamo prima, il talento non è quella caratteristica che distingue chi è bravo da chi non lo è: ciascuno di noi è bravo in qualcosa e meno bravo in altro. Il talento sta allora proprio nello scoprire qual è il proprio talento e metterlo a frutto il più possibile, soprattutto in un mondo come quello attuale dove ciò che ci distingue non è una capacità astratta di fare qualcosa, ma la nostra unicità nel fare una specifica cosa.

L'impegno è lo sforzo costante che mettiamo nel fare le cose, nel perseguire i nostri obiettivi. E anche, se vogliamo, quello nel ridefinire i nostri obiettivi.

La perseveranza, infine, è quella caratteristica che distingue le persone di successo, e non parlo dei divi di Hollywood, che raggiungono i propri risultati, da coloro che invece si fermano a metà strada.

Talento e impegno non contano nulla se non c'è una ferrea volontà di tenere duro quando tutti gli altri avrebbero già mollato. È lì che si riconosce il campione. La perseveranza è quella caratteristica che ci fa insistere a ricercare quella opportunità anche quando l'opportunità non arriva, anche quando il mondo va nella direzione a noi non propizia, quando le circostanze sembrano contrarie. Se la convinzione nei propri mezzi è forte, i risultati arriveranno.

Per coloro tra di voi che non riescono a familiarizzare immediatamente con il significato di perseveranza, posso citare alcuni esempi famosi. Si dice che Thomas Edison abbia testato più di 1000 filamenti prima di trovare quello giusto, in carbonio, che resisteva nel tempo ed è così che è nata la prima lampadina.

Si dice anche che il colonnello Sanders, fondatore della famosa catena di fast food Kentucky Fried Chicken (KFC), abbia bussato a più di 1000 porte prima di trovare qualcuno pronto a investire nella propria idea.

I fondatori di Google, Sergej Brin e Larry Page, hanno proposto il loro algoritmo a tutti i grandi motori di ricerca del tempo (eravamo nei primi anni 2000) ricevendo dei sonori no. E sappiamo come è andata a finire.

Per rimanere a casa nostra, il fondatore di Geox, Mario Moretti Polegato, ha proposto l'idea della "scarpa che respira" a molti produttori di scarpe; cosa pensate che abbia ricevuto come risposta? Certo, dei fragorosi no.

Così, tutte le volte che pensate di mollare stringete i denti e impegnatevi a percorrere un altro miglio. Vi sveglierete nel mondo che avete sognato e che meritate di trovare.

Capitolo 2
L'equilibrio dinamico

Sono nato 51 anni fa in un piccolo paese della provincia di Pisa. Sono un ingegnere e sono un imprenditore. La mia vita è stata un alternarsi di momenti di gioia intensa e di insoddisfazione profonda. Mia moglie dice che sono bipolare, le mie figlie con lei.

Non lo so, so soltanto che se dovessi citare un tratto comune della mia vita, almeno fino ad un certo momento, sarebbe sicuramente una tensione costante verso il mio miglioramento: come studente, come figlio, come amico, come fidanzato- compagno- marito, come dipendente, come datore di lavoro, come uomo.

Poi, ad un tratto, mi sono scocciato di voler piacere agli altri ed ho cominciato a pensare unicamente a ciò che mi dava egoisticamente piacere; la lealtà di un amico, l'amore di mia moglie, il rispetto dei miei collaboratori e quel bisogno travolgente di fare qualcosa di importante.

Ma facendo un passo indietro, nasco in una famiglia numerosa nella quale prevalgono i valori della "sopravvivenza tra simili", piuttosto che l'esprimere appieno la propria personalità. La mia infanzia è una competizione costante con gli amici, a chi va meglio in bici, a chi vince la partita di calcetto (rigorosamente organizzata sulla strada più ripida del paese), a chi risponde più velocemente alle domande di matematica, a chi riesce a completare per primo l'album delle figurine.

E crescendo la cosa non migliora anche se, come naturale, cominciano ad emergere i primi tratti della personalità. Quindi la tendenza a scegliersi le vere amicizie, a seguire le proprie inclinazioni anche nello sport (benché non ci fossero grandi alternative al calcio), a legare con gli amici del liceo, la mia prima vera grande famiglia.

E arriva il momento di scegliere la facoltà che segnerà il nostro destino lavorativo; senza sapere di che cosa si stesse realmente parlando, attratto dall'eccitazione di mettermi alla prova in qualcosa di veramente molto sfidante, mi iscrivo alla facoltà di ingegnere nucleare.

Devo dire che, nonostante le notevoli difficoltà iniziali, legate in parte ai problemi di adattamento e alla improvvisa malattia di mio padre, riesco a tenere duro e, successivamente, a laurearmi anche piuttosto bene, secondo del mio corso di laurea.

Da quel momento, senza alcuna prospettiva lavorativa in Italia, inizio a cercare un impiego all'estero. Impiego che regolarmente non arriva considerato che nel frattempo il mondo è cambiato e ciò che poteva essere valido al momento dell'iscrizione alla facoltà non lo è più; c'è da inventarsi un lavoro e una carriera professionale.

Eppure, qualcosa avevo in testa perché, già dai tempi del corso di laurea, avevo avuto modo di imbattermi nel mondo del business, peraltro in maniera indiretta attraverso concetti come la qualità totale, la garanzia della qualità, il controllo del processo e lo studio delle esperienze fatte nell'automotive.

Ma la mia professione restava comunque da inventare. Amicizie comuni mi danno modo di conoscere una persona, un professionista, con il quale inizio a collaborare e che mi aiuta a crescere e a maturare in me la voglia di conoscere sempre più a fondo il mondo delle imprese.

È in questo momento che comincio a creare una mia personale visione di tale mondo mettendo a confronto una mia, direi innata, visione dell'impresa con quella che poi è la realtà dei fatti. È comunque un'esperienza molto formativa, perché mi dà la possibilità di conoscere veri imprenditori, di affrontare i veri problemi dell'impresa che vanno dall'aspetto specificatamente gestionale a quello più prettamente costruttivo fino a quello commerciale, e a cominciare quindi a crearmi l'immagine della mia azienda ideale.

Non ho il tempo di proseguire in questo tipo di avventura perché, stretto nelle esigenze familiari (devo metter su famiglia), devo scegliere un impiego fisso che, se non mi fa crescere come io vorrei, mi dà la possibilità di pagare le bollette. In questo impiego, in questa che io definisco una prigione senza sbarre, rimango bloccato per diversi anni.

Sentire di avere uno scopo

Anche in questo periodo non rimango, però, fermo a guardare perché nel frattempo proseguo nello sviluppare e curare la mia passione, attraverso altre piccole partecipazioni a progetti interessanti e al contributo ad un'impresa "di famiglia" che, per quanto gestita secondo logiche estranee al mio modo di vedere, mi dà ulteriormente modo di conoscere da vicino che cosa deve essere fatto in un'azienda e che cosa assolutamente no.

Questa impresa opera nel settore del mobile imbottito, quindi molto distante dal mio percorso di studi, ma siccome da sempre ritengo che, a parte le leggi immutabili della fisica, in tutti gli altri casi si tratta di convenzioni stabilite dall'uomo, direttamente o attraverso quel senso comune del pensare che è diventato norma, mi dico che le imprese sono comunque imprese, sia che costruiscano grattacieli, che lancino missili nello spazio sia che si tratti appunto di produrre mobili. E allora, perché no?

È durante questo periodo che, osservando come lavorano le aziende con le quali entro in contatto (clienti e fornitori, ma anche consulenti, professionisti), talvolta aziende riconosciute anche a livello nazionale, con quali modelli organizzativi, quali filosofie di fondo, con quale visione strategica del futuro, maturo il bisogno di fare qualcosa di diverso. Non vale la pena, mi dico, di impegnarsi in qualcosa che non sia davvero sfidante e congruente con quello che vogliamo essere.

Soprattutto, deve esistere un modo diverso di fare quello che l'azienda fa, e come questa anche tutte le altre del settore; trascorre un breve periodo che ci ritroviamo a lavorare su qualcosa di completamente nuovo che, con tutti i rischi e le difficoltà che il nuovo comporta specialmente nel nostro paese, presenta tutte le opportunità di sviluppare qualcosa che nessun altro ha mai fatto o visto in precedenza.

È in questo periodo, siamo intorno al 2008-2009, che giungo a definire il progetto sul quale mi impegnerò e di cui parlerò ampiamente nel prossimo capitolo e che rappresenta il motivo per il quale oggi sono conosciuto, nel mio piccolo, nel mercato di riferimento nel quale opero.

Anche se rimando il racconto alle prossime pagine, posso comunque anticipare, perché utile ai fini di ciò che segue, che l'elemento che forse mi contraddistingue di più oggi sul mercato è il fatto di essere riconosciuto come una persona che cerca, nel suo piccolo, di innovare e di migliorare in maniera costante ciò che fa.

Credo sia capitato a molti di voi di sentirsi, fin da piccoli, un predestinato. Quel senso di insoddisfazione rispetto a come le cose funzionano, quella costante aspirazione verso un'eccellenza che va oltre la norma corrente, quel vederci, percepirsi e immaginarsi come destinato a lasciare veramente un segno. Quella sensazione di essere diverso rispetto alla normalità che c'è là fuori, quella gabbia nella quale ci sentiamo rinchiusi e che sappiamo, un giorno, riusciremo ad aprire per esprimere davvero appieno la nostra vera e completa natura. Questo è per me il sentirsi un predestinato.

Lo notate dai piccoli segnali: da come le persone vi trattano, da come le persone vi rispettano o vi attaccano, da come le persone vi deridono, da come le persone sono curiose di quello che avete in testa. Tutti i piccoli segnali che non fanno altro che rafforzare dentro di voi la coscienza di avere il dovere di provarci. Perché il destino di coloro che sentono di essere dei predestinati appunto non è quello di riuscirci, ma di certo quello di provare a fare qualcosa di diverso, a dare il proprio contributo, a lasciare un segno.

La mia esperienza non è nient'altro che questa. Fin da piccolo, come dicevo, e poi crescendo, nonostante gli alti e bassi che la vita vi propone. Ci sono momenti nei quali vi sembra di esservi persi, di esservi appiattiti rispetto al normale fluire della vita e degli eventi, tutti sempre rigorosamente più grandi di voi, ma poi ad un certo momento, scatta qualcosa che vi fa riacquisire pieno possesso della vostra vita, di quelli che sono i vostri sogni, le vostre aspirazioni, la vostra forza interiore.

È un fuoco che vi arde dentro e che non si spegne mai. È una voce, un richiamo che vi ricorda in ogni momento qual è il vostro destino, che non è quello di restare seduto sul divano o di adeguarsi al normale fluire delle cose, alla vita che altre persone come noi ci hanno proposto essere il nostro modello di vita, ma cercare di vedere le cose in maniera completamente diversa e cercare di cambiarle.

Senza arrivare a citazioni famose, penso fermamente che a parte la prima la seconda e la terza legge di Newton, che poi qualcuno successivamente ha scoperto non essere così precise per spiegare la realtà fisica del mondo, le leggi alle quali noi ogni giorno ci sottoponiamo non sono altro che espressione del compromesso di altre persone come noi.

Pertanto, l'invito che faccio a tutte le persone che sentono di avere uno scopo è di seguirlo, di cercare di riaffermare questa loro intima natura per tentare di cambiare un po' le cose. È l'esperienza, quella che ho descritto, di tutti coloro che hanno lasciato un segno nel mondo; persone normali, se vogliamo, ma straordinarie in quanto a volontà e a determinazione di cambiare.

Per quanto mi riguarda, questa energia positiva si è riversata nel progetto di cui vi parlerò nel prossimo capitolo, ma prima di questo si è espressa in altri progetti i quali, come spesso accade e come è naturale che accada, sono stati dei completi fallimenti. Pensandoci, oggi, provo affetto nei confronti di questi tentativi, neanche nei miei stessi confronti, perché comunque ricordo lo spirito e la buona fede con la quale mi sono buttato in queste avventure, investendoci tempo e denaro e rimettendoci tutto, ma sempre con la buona fede e la determinazione di portarle a termine.

Ma non ero pronto, nessuno nasce imparato si dice, ma soprattutto se non abbiamo modelli di comportamento a cui ispirarci e buoni consiglieri, è ben difficile arrivare da soli ad una meta, e arrivarci al primo colpo è frutto più del caso che di una reale capacità, almeno io credo.

Eppure, sono proprio questi fallimenti che mi hanno insegnato a trovare il mio modo personale di fare le cose, il mio modo speciale di costruire l'impresa e di viverla e farla vivere ogni giorno.

Il consiglio che personalmente mi do ogni giorno è di fare ciò che mi piace fare e non ciò che qualcun altro mi dice essere la cosa giusta, se non penso davvero la sia.

Umiltà, determinazione e perseveranza

E due elementi che non devono mai mancare, per me almeno è stato così, sono l'umiltà e la determinazione.

Essere umili non significa non avere un proprio punto di vista, non avere un proprio modello di comportamento quanto piuttosto, al contrario, essere aperto, sempre, ad ascoltare tutti; sapendo al contempo che se vogliamo costruire qualcosa di veramente unico, e lo vogliamo davvero, non c'è alternativa a seguire strade diverse e queste strade diverse comportano il rompere gli schemi e prendersi dei rischi.

Insieme all'umiltà ci deve essere una ferma determinazione a non arrendersi mai, a volere fermamente il proprio obiettivo; e allora ecco che rimanere concentrati, focalizzati maniacalmente sul "goal", oltre a farci accedere alle nostre migliori energie e capacità, ci evita le distrazioni dei "non ce la farai", "è impossibile", "nessuno lo ha mai fatto prima".

Quindi umiltà e determinazione, come la passione e la razionalità, come il cuore e la mente, come la pancia e la ragione, sono gli elementi contrapposti tra i quali dobbiamo trovare un equilibrio e che ci fanno fare cose straordinarie. E a tutto questo deve accompagnarsi in ultimo, ma non ultima, una incrollabile perseveranza; che non è l'inflazionato e un po' vuoto slogan "never give up", quanto la consapevolezza che la vita è una lunga maratona e non una corsa di velocità.

C'è sempre modo, se si vuole davvero, di recuperare il terreno perduto o di fare sempre meglio le cose che facciamo. La perseveranza è l'ingrediente magico che contribuisce a farci portare a compimento gli obiettivi, il pilota automatico che ci riporta a casa.

Il pensiero comune dice che un buon investitore, e un imprenditore è un investitore che ha investito tanto, tutto, nella propria impresa, non dovrebbe mettere tutte le uova nello stesso paniere, perché sarebbe troppo rischioso; eppure, coloro che cambiano davvero il mondo sono persone che non si sono lasciate una via d'uscita, una strada alternativa, ma invece hanno dato un senso alla loro vita puntando tutto su di un unico, grande sogno.

La storia stessa della evoluzione umana è frutto dell'impegno di queste persone speciali e non di quei piccoli contabili delle probabilità che hanno sempre privilegiato un ritorno sicuro e a breve termine al loro grande sogno. Lo stesso Warren Buffett, il più grande investitore e uno degli uomini più ricchi del mondo, afferma che non possiamo mettere le uova in troppi panieri, anche se aggiunge che il paniere dove decidiamo di mettere le uova deve essere presidiato con un'attenzione maniacale. Il solito concetto espresso in precedenza e che ritorna.

Come gran parte di voi, ho vissuto gli alti e bassi della vita: c'è stata una fase nella quale effettivamente mi ero adagiato a vivacchiare. Percepivo un buono stipendio, avevo una famiglia normale, riuscivo a togliermi i miei sfizi, che cosa desiderare di più?

Ma, ad un certo punto, mi sono reso conto che, per come sono, continuare a vivere quella vita sarebbe equivalso alla morte cerebrale sia perché, per me, forse il bisogno umano più importante è quello di varietà, e quindi figurarsi se mi sarei adattato a uniformarmi ad una vita comune, dall'altro perché appunto avevo riposto momentaneamente tutti quelli che erano i miei sogni e le mie aspettative.

La scoperta

E così ad un certo momento, ho scoperto il mondo del business, un mondo che all'inizio era abbastanza distante da me. Sono state le storie dei grandi imprenditori, di coloro che veramente hanno cambiato le cose, ad ispirarmi.

Nel mio ufficio tengo appese le immagini dei miei nove maestri, così mi piace definirli, persone di riferimento, alle quali guardare come modelli di vita, di comportamento e di scelte, che ispirano ogni giorno la mia esistenza e il mio modo di vedere il mondo.

Rappresentano tutti storie straordinarie, quelle di persone che hanno speso la loro vita per cambiare le cose, ad influenzare in maniera positiva le persone, e per questo restano immortali. Nelson Mandela è uno di questi, e per me significa davvero molto ritrovarlo ogni giorno sopra la mia testa a vigilare, col suo grande esempio, sul mio modo di intendere i rapporti umani.

Alex Zanardi è un altro mio maestro, una persona che mi ispira moltissimo per la sua forza, la sua perseveranza a resistere alle avversità della vita e a cercare di lasciare un segno positivo alle persone che guardano a lui. E con questi potrei citare gli altri, persone che mi hanno consentito di riconoscere la mia strada.

Il fare impresa, ad un certo punto, quasi magicamente, ha cominciato a dare un senso a tutto. Ho scoperto quindi, alla soglia dei 40 anni, che cosa veramente mi faceva battere il cuore. Non la scienza in senso assoluto, non il denaro in senso arido, ma costruire qualcosa di importante che arricchisse, in senso lato, me e gli altri; la ricchezza di cui parlo non è il denaro, ma sono le opportunità, il modo di intendere la vita, le relazioni con le persone, gli obiettivi che scaldano il cuore ogni giorno e che ci fanno balzare dal letto al mattino.

Questa scoperta ha avuto il pregio di cominciare a mettere a posto le tessere del puzzle. Tutto iniziava ad avere un senso. Era nel mondo del business, nella mia attività di imprenditore, che avrei potuto esprimere la mia vera natura. Certamente non lo avrei fatto rimanendo dipendente, certamente non da professionista; cercavo invece un mestiere che, permettendomi di assumermi appieno la responsabilità del mio futuro, mi consentisse di provare a cambiare le cose.

È stata una sensazione magica e quasi una nuova nascita accolta con un senso di liberazione perché ho compreso subito, nonostante la mia completa inesperienza nel settore nel quale sarei andato ad operare, quello del mobile imbottito, che in qualche maniera avrei trovato il modo di fare la mia parte. Il primo passo è stato quello di cercare di imparare le buone regole per gestire il business.

La prima regola che ho riconosciuto è l'onestà: un buon imprenditore è prima di tutto una persona onesta, con sé stesso e con gli altri. Un secondo aspetto è l'affidabilità: al giorno d'oggi l'affidabilità, e la propria reputazione in generale, sono il valore più importante che un imprenditore possa spendere.

Allargando lo sguardo, questi aspetti ci portano immediatamente ad una considerazione più generale; quella secondo la quale gli asset di un'azienda moderna non sono l'immobile, i macchinari e le voci che convenzionalmente costituiscono l'attivo dello Stato Patrimoniale, quanto piuttosto la propria affidabilità, la capacità di apportare valore al Cliente, la cultura volta ad anticipare, se possibile, i bisogni del mercato e dei Clienti.

Quindi onestà, affidabilità, attenzione ai bisogni del cliente. Parlare di attenzione ai bisogni del cliente appare una formula fatta e, apparentemente, qualcosa privo di valore: c'è già il marketing che pensa a questo. Ma io parlo di bisogni del cliente che spesso sono ancora inespressi.

All'inizio degli anni Ottanta, la Sony, la grande multinazionale dell'elettronica, allo scopo di capire come il mercato avrebbe accolto un suo nuovo apparecchio, avviò un'indagine nella quale chiese alle persone se sarebbero state interessate a fruire di musica "portatile" e direttamente nelle loro "orecchie". Le persone risposero che non avevano nessun interesse verso questo prodotto. Sappiamo tutti il successo che ha avuto il Walkman Sony.

Questo ed altri studi ci insegnano che, almeno in linea generale, le persone sanno riconoscere e dare valore a ciò che già conoscono e non a ciò che non hanno mai visto. Il ruolo di un'azienda moderna è, a mio avviso, quello di cercare di anticipare i bisogni del cliente e di inventare per conto del cliente; il ruolo dell'imprenditore è di saper ispirare le persone e creare la cultura nella quale un tale atteggiamento può nascere e svilupparsi.

Con queste premesse appare chiaro che l'unica vera stella cometa della mia esistenza è cercare di cambiare le cose, in qualsiasi settore mi trovi ad operare; oggi nel settore degli imbottiti, domani nel settore del mobile in senso lato o in altri settori che magari attireranno la mia attenzione.

Molte persone dicono, e ormai è diventato un luogo comune, che nel mondo è stato inventato ormai tutto. Personalmente non so pensare a niente di più sbagliato. Ciascuno di noi, senza fare sforzi particolari, dovrebbe cominciare ad osservare la propria vita e ad annotare quanti aspetti, attività, azioni anche semplici ci creano difficoltà, disagio, malumore, insoddisfazione.

Ovunque ci sia un problema in cerca di una soluzione, là si trova una opportunità di business spesso anche molto molto promettente. Le grandi innovazioni alle quali assistiamo ogni giorno cos'altro sono se non la risposta a bisogni espressi e, più spesso impliciti delle persone?

Si spazia dall'auto elettrica al nuovo canale streaming, dal social network al servizio di delivery, e potrei continuare. Nella stessa direzione guardano anche le imprese che poi falliscono; era presente il bisogno ma magari è stata sbagliata la soluzione.

Qualcuno più bravo di me e molto ricco ha detto una volta che se avesse avuto un dollaro per tutte le volte che si era sentito dire che una cosa non era possibile, anche se avesse fallito in quello che aveva fatto sarebbe stato ugualmente un uomo ricco. E credetemi che nella mia personale e piccola, piccolissima esperienza, la stessa cosa sarebbe successa anche a me.

Penso che il segreto delle persone che vogliono cambiare il mondo sia quello di non porsi limiti. Non porsi limiti non significa non essere consapevole del fatto che da qualche parte questi limiti magari ci sono, che esistono le difficoltà, ma avere fede nel fatto che là fuori ci sarà sempre qualcuno o qualcosa che ci consentirà di superarli.

Tutte le soluzioni non devono essere dentro di noi: se intraprendiamo il nostro cammino sarà il cammino stesso a portarci consiglio e ad ispirarci, e quei problemi che magari ci bloccavano troveranno magicamente una soluzione.

Ritornerò nel seguito su questo concetto che per me è molto importante e che oggi più che mai fa davvero la differenza tra un imprenditore "del 1980" e uno moderno, e che distingue, più in generale, le persone che vivono nel qui e ora.

A partire dal prossimo capitolo, inizierò a parlare di Superevo, la mia impresa, nella quale ho concentrato, e continuo ad impegnarmi a farlo, molti dei concetti che ho espresso in queste prime pagine, e che rappresenta il punto di partenza per tutti i miei nuovi progetti di cui vi accennerò nei prossimi capitoli.

Capitolo 3
Attraverso il deserto

Nel 2008 e ancora nel 2009, al termine di un'esperienza di alcuni anni nel settore della produzione di mobili imbottiti, mi convinco che deve esistere un modo più semplice per costruirli. Non sono un esperto del settore (e a volte non essere esperti può rappresentare un vantaggio), ma so per certo che se il mondo va nella direzione che tutti osserviamo, non può essere che i mobili imbottiti siano costruiti come lo erano 30, 40 o anche 50 anni prima.

Inizio a cercare possibili soluzioni e "disturbo" mezzo mondo e forse più; dapprima penso a metodi per "riempire i volumi" con materiali naturali, addirittura arrivo a pensare alla paglia come una possibile soluzione al problema ma, anche se ho abbastanza chiaro l'obiettivo che ho in testa, non riesco a trovare una soluzione.

Nel corso di questa ricerca faccio vari tipi di indagini: contatto varie università, centri di ricerca regionali ed extraregionali, aziende chimiche e tecnologiche anche multinazionali.

Generalmente le risposte che ottengo sono negative (quei famosi non si può fare, è impossibile), oppure incontro il non interesse delle persone a imbarcarsi in quest'avventura. Ma la perseveranza, il visualizzare il risultato anche se non conosco il come, l'ambizione di riuscire a trovare una soluzione veramente innovativa ad un problema che, credo, sono stato l'unico a porsi o uno dei pochi, sono più forti della disillusione di fronte ai rifiuti.

Il Polimex®

Con questo spirito e con questa energia, e con una buona dose di incoscienza, alla fine del 2008 incontro una grande azienda chimica multinazionale la quale, scoprirò, per alcuni suoi preparati, ha già fatto ricerche in merito a possibili applicazioni industriali senza individuare una soluzione soddisfacente.

Mi ritrovo, grazie al mio impegno (ecco cosa intendo per "sapersi trovare davanti alla porta") in una di quelle situazioni "perfette" nelle quali si incontrano due interlocutori: chi è in cerca della soluzione ad un problema, io in questo caso, e chi è alla ricerca di un problema al quale applicare la propria soluzione, il mio interlocutore. Scocca la scintilla.

È una scintilla che subito riconosco come tale ma che non provoca da subito un'esplosione. Perché, se lo scopo della collaborazione è chiaro, le modalità applicative del materiale sono al tempo poche e confuse e il materiale individuato è ben lontano dall'essere adeguato allo scopo applicativo.

Prende avvio, da questa fase, un lungo periodo di sperimentazione che durerà circa due anni durante i quali testiamo diverse tipologie di materiali e, dopo i disastrosi fallimenti iniziali, cominciamo ad ottenere qualche timido risultato. A luglio del 2009, il nostro partner industriale, l'azienda multinazionale, ci presenta un primo prototipo di struttura per imbottito realizzato secondo la logica che ci eravamo prefissati; nonostante sia quanto di più lontano rispetto a quello che avevamo in testa, già contiene il germe della soluzione.

Da quel primo prototipo, continuiamo a sperimentare per tutto l'anno successivo finché cominciamo a vedere i primi risultati. Dato che ormai appare chiaro che il progetto è fattibile, e visto l'interesse nello stesso da parte del nostro partner, coinvolgo subito nel lavoro un mio compagno di studi universitari che fin da subito si occupa dello sviluppo tecnico del materiale. Oggi Matteo è mio socio in Superevo®.

I risultati di questa sperimentazione sono illustrati al mercato, in realtà ad una cerchia ristretta di aziende con le quali al tempo collaborava la società di famiglia, per ottenere un primo feedback che si rivela piuttosto freddo. D'altra parte, non sappiamo ancora valorizzare i risultati della nostra ricerca e, come scrivevo nel capitolo precedente a proposito degli intervistati della ricerca di Sony, il mercato non conosce il prodotto e non sa letteralmente cosa farsene.

Questa, d'altra parte, è una costante nell'Innovazione; io stesso me ne sono fatto una ragione e così tutte le volte che ho intenzione di introdurre una nuova idea sul mercato, sono pronto all'inizio a farmi sentire dire che non funzionerà per le ragioni più disparate, che non servirà a nessuno, che ho fatto uno sforzo inutile e regolarmente le stesse persone, a distanza di pochi mesi, una volta compreso il fine dell'innovazione, sono lì a chiedermi di averne l'esclusiva.

La perseveranza di non abbandonarsi alla delusione dopo i fallimenti iniziali, continuo a pensare, è la caratteristica che più mi ha consentito di ottenere i risultati che oggi sto raccogliendo. Questo nuovo materiale viene denominato Polimex®. Il mobile in Polimex® è realizzato da un'anima in polistirene espanso e da una pelle strutturale in poliuretano compatto rigido (vedi figura).

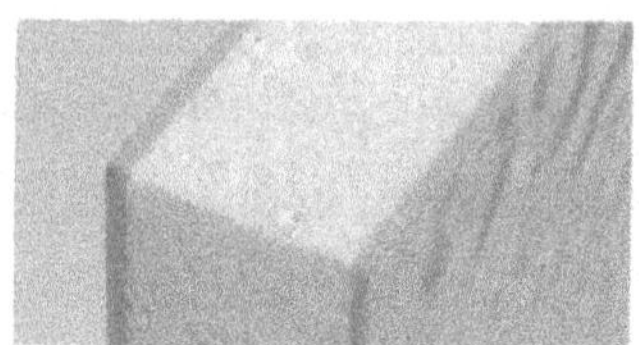

Oggi, a distanza di anni, mettere insieme polistirene e poliuretano e farne qualcosa di più potrebbe sembrare una ovvietà: eppure, 10 anni fa non esistevano applicazioni di questo genere in ambiti strutturali e chi adottava soluzioni di questo genere lo faceva nell'ambito della cartotecnica o delle scenografie teatrali, e il materiale di copertura, la pelle, serviva solamente a salvaguardare la superficie.

Superevo® ha invece ribaltato completamente il paradigma secondo il quale la "pelle" serve a ricoprire la struttura, laddove risiede la resistenza dell'oggetto, e la pelle stessa diventa elemento strutturale. A distanza di oltre 10 anni continuo a pensare che la fortuna abbia giocato un ruolo importante ma non determinante.

Se non avessimo trovato i partner che abbiamo incontrato, probabilmente avremmo individuato una strada diversa per arrivare allo stesso risultato.

E il Polimex® era lì pronto per essere introdotto sul mercato. Si inizia nel 2011 a proporre il Polimex® per realizzare un prodotto per una nota azienda italiana del settore imbottito. Quel prodotto viene ancora oggi realizzato e rappresenta il primo importante passo del nostro viaggio.

Riaffermando un concetto che ho già espresso nel capitolo precedente, avremmo potuto aspettare ad essere "perfetti" prima di proporre il prodotto al mercato ma il rischio sarebbe stato quello di non partire mai perché un elemento fondamentale nella messa a punto del nostro prodotto, come abbiamo poi scoperto, è stata l'interazione con il mercato.

Riconosco oggi che le più grandi conoscenze che abbiamo acquisito e che ci hanno consentito di far evolvere e sviluppare il nostro materiale sono derivate dai nostri Clienti; il mercato si rivela sempre una grande fonte di crescita.

Una grande stampante 3D

Quella prima esperienza di produzione ci porta fin da subito ad intuire uno dei plus della nostra tecnologia: la possibilità di passare dal disegno dell'oggetto alla sua realizzazione fisica in tempi rapidi.

Oggi, definisco la nostra tecnologia come "una grande stampante 3D per imbottiti" anche se, in realtà, non ha nulla a che vedere con la stampa 3D; eppure, in termini di percezione del servizio offerto, che è quello di realizzare un prodotto nuovo, magari di forma complessa, e di riuscire a metterlo a punto per la produzione nel giro di una settimana senza ricorrere a stampi e ad attrezzature costose e fisse di produzione, assomiglia ad una stampa 3D.

Nessuno prima di noi era riuscito a proporre un servizio del genere. Così le caratteristiche del nostro Polimex®, attraverso l'interlocuzione con il mercato, che pure rimane ancora molto scettico, cominciano ad essere per noi via via più chiare.

Il materiale inoltre è leggero: all'inizio questo tipo di caratteristica ci suggerisce di proporlo principalmente per prodotti di grandi dimensioni. Pensiamo che se riusciamo a ridurre il peso dei prodotti di grandi dimensioni, risulterà più facile maneggiarli durante la produzione, trasportarli e così via. Errore.

Il nostro punto di vista è quello dei produttori di imbottiti, ma il punto di vista che più conta è quello del consumatore finale che è quello a cui presta attenzione il nostro Cliente.

Oggi, possiamo affermare che, paradossalmente, ma neanche troppo, la nostra tecnologia è sfruttata principalmente per prodotti di piccole dimensioni, quali sedie e poltroncine, in cui il risparmio di peso, che talvolta supera il 50% rispetto a prodotti simili realizzati con le tecnologie tradizionali, consente una facile spostamento ripetuto nel corso della giornata.

Quanti di voi si trovano a spostare il divano o la poltrona in capo alla giornata? Nessuno, vero. Mentre invece è normale spostare una sedia per sedersi. Elementare, ma col senno di poi.

Il Polimex® è customizzatile: non dovendo ricorrere ad attrezzature fisse di produzione quali stampi, che richiedono importanti investimenti e tempi di realizzazione di settimane, talvolta di mesi, risultando la produzione demandata a macchine a controllo numerico, attraverso la capacità dei nostri bravi tecnici, è facile modificare le dimensioni di un prodotto per la sua messa a punto.

L'esperienza comune è quella di un cliente che, magari dietro i dettami del proprio designer, richiede modifiche anche minime della forma che servono a rispondere, fino in fondo, agli standard di design che l'azienda vuole ottenere. La nostra tecnologia è veloce: come dicevo prima non esiste sul mercato una tecnologia che consente di ottenere un prodotto in tempi rapidi a partire dal suo disegno. Questo è il nostro vero punto di forza; nessun'altra azienda è in grado di realizzare prodotti complessi a partire dal disegno 3D nel giro di una settimana.

E un'altra caratteristica davvero importante del Polimex®, quella che distingue davvero la nostra tecnologia da tutte le altre presenti sul mercato, è la sua sostenibilità ambientale.

Sento già il coro di coloro che si chiedono: come è possibile definire ecosostenibile una tecnologia dove si utilizza polistirene e poliuretano? Rispondo a questa domanda con un'altra domanda: come pensate che vengano smaltiti i prodotti imbottiti? La risposta è quella che ciascuno di voi teme, ovvero che vengono ritirati dal servizio di raccolta rifiuti e conferiti in discarica.

Questo perché il prodotto è difficilmente separabile nelle sue parti componenti e sarebbe antieconomico farlo; così i prodotti imbottiti che ciascuno ha in casa propria, e tra questi quelli realizzati con la tecnologia più diffusa sul mercato, la schiumatura a freddo, dal punto di vista ambientale sono pessimi.

Un prodotto ottenuto in Polimex®, al contrario, costituito in gran parte da polistirene, vale a dire da aria (solamente il 2-3% del volume del ns manufatto è fatto di materia, ovvero il 97-98% è aria!), e da poliuretano compatto in piccole quantità, è invece facilmente triturabile, selezionabile per separare nei prodotti componenti, e in definitiva recuperabile per essere utilizzato a realizzare nuovamente gli stessi prodotti.

Questo perché il nostro prodotto fa parte di una filiera che ormai da anni lavora, e ancora di più accadrà nel futuro, per mettere al primo posto i temi del recupero e del riciclo. Ecosostenibilità non equivale a dire biodegradabilità, o non solo; significa invece economia circolare, riciclabilità, riutilizzo e riuso del materiale spesso per riottenere le stesse materie prime da cui è stato costruito e che saranno utilizzate per ottenere lo stesso analogo prodotto.

Questo concetto di ecosostenibilità risuonerà ampiamente in uno dei prossimi capitoli perché rappresenta il futuro della nostra tecnologia e del settore in cui operiamo ma, più in generale, del mondo in cui andremo a vivere.

Quel primo risultato ci riempie di aspettative; cavolo, riuscire ad agganciare una grande impresa fin dall'inizio è un gran risultato. Ma siamo, appunto, soltanto all'inizio. La strada da fare, vista con gli occhi attuali, sarà ancora molta.

Perché di fatto non conosciamo il materiale, non sappiamo come si comporta, non valutiamo ancora appieno le difficoltà e i costi della sua produzione. Ma riconosciamo a questo primo risultato un grande significato e ci leghiamo grandi aspettative. Cominciamo a farci film su quello che potrà essere, sui risultati e i successi che otterremo, sulle soluzioni e sul miglioramento dell'esperienza Cliente che riusciremo a introdurre, insomma al nostro interno ci consideriamo già una multinazionale.

La verità invece è che non soltanto dobbiamo imparare a conoscere il materiale, ma dobbiamo imparare anche a gestire un'impresa e, quello che scopriremo da lì a poco, dovremmo imparare a crearci un mercato per un materiale fino ad allora sconosciuto.

Via via che lavoriamo al progetto ci rendiamo conto che soltanto un'automazione spinta del processo produttivo può consentirci veramente di offrire la tecnologia al grande mercato. All'inizio i prodotti, anche quelli di forma veramente molto complessa, vengono realizzati con macchinari a dir poco preistorici. Sono i venditori stessi dei macchinari che, a distanza di un paio di anni, si complimentano con noi vedendo che cosa siamo stati capaci di ottenerci.

Riconosciamo comunque la necessità di fare investimenti importanti e di trasformare quelle prime prove in una vera iniziativa imprenditoriale. Si tratta di capire in che direzione rivolgerci e quali tipi di investimenti sono necessari.

Domande da 100 milioni di dollari ciascuna; è molto difficile imboccare fin dall'inizio la strada giusta in quanto la nuova tecnologia non ci consente di prendere spunto da casi analoghi, non esistevano allora come non esistono oggi, pertanto qualsiasi cosa introduciamo nella nostra azienda nasce unicamente dalla nostra testa e dalla buona volontà dei nostri partner.

C'è inoltre la necessità di trovare finanziamenti giusti per poter industrializzare il processo produttivo e fare evolvere la nostra capacità realizzativa. Nel 2011 si cominciano a gettare le basi di un business plan di quella che dovrà essere la nuova iniziativa imprenditoriale.

È un periodo molto delicato il 2011, anche dal punto di vista personale, perché è il momento nel quale devo decidere in quale direzione indirizzare la mia vita. A quel tempo, infatti, nonostante il mio focus sia concentrato sul lancio della nuova tecnologia, per vivere lavoro come impiegato in un'azienda pubblica.

È l'impiego che sono stato costretto a scegliere, al termine dell'università, anteponendo le necessità del vivere quotidiano ai sogni e alle aspirazioni per il mio futuro. È un impiego nel quale so di non aver mai dato fino in fondo quello che sarei stato in grado di dare e questo perché non lo sentivo mio, non mi dava alcuna soddisfazione e l'ho vissuto come una prigione dorata.

Sì, perché il brutto di queste situazioni è che se da un lato le detestiamo, dall'altro ci danno la sicurezza che cerchiamo e, a un certo punto, diventa difficilissimo liberarsene. Ed io, per di più, avevo un inquadramento che, a maggior ragione, avrebbe meritato di non essere abbandonato.

Ma sentivo che era arrivato il momento di decidere se continuare a vivere in quella gabbia a colori o andare incontro al mio futuro; e ho deciso di affrontare il mare. A marzo del 2012 fondo Superevo®.

Lasciatemi spendere qualche parola sul nome Superevo® perché per me ha significato e accompagnerà tutte le mie iniziative imprenditoriali: Superevo® è un nome che non ho ideato da solo ma che, una volta citato, ho subito riconosciuto come "mio" perché rappresentava, per la forza che esprime, per la sfrontatezza e l'energia che emana, tratti della mia personalità e quel qualcosa di nuovo che, oggi nel settore degli imbottiti e domani chissà dove, le mie imprese si prefiggono di offrire al mercato.

Superevo®, e concludo, è in antitesi a Medioevo. E se il medioevo è percepito come l'epoca buia e cupa nella quale era abolito il libero pensiero, Superevo®, nel suo piccolo, dovrà rappresentare l'atteggiamento ad aprirsi al mondo e a condividere con il mondo la crescita umana, professionale e tecnologica delle proprie persone e dei propri prodotti.

Tutta la fase di analisi degli investimenti industriali e commerciali necessari a far avviare l'iniziativa vengono sintetizzati in un business plan grazie al quale la costituenda iniziativa imprenditoriale riesce ad ottenere i primi finanziamenti.

Il business plan rende conto dei costi degli investimenti che dobbiamo fare, tecnici, umani e commerciali, e dei risultati che a fronte di tali investimenti ci aspettiamo di ottenere. Tiene anche conto, tramite l'analisi SWOT, delle possibili minacce e delle opportunità che il mercato può riservare, e delinea un quadro a tre anni che poi, giunti nel 2015, abbiamo avuto modo di verificare essere quasi completamente attuato.

Il 2012 è un anno di transizione, in cui l'azienda vive sostanzialmente di piccole commesse senza particolari innovazioni proprio perché, come detto, gli investimenti necessari ad innovare il processo produttivo sono in corso di attuazione.

I nostri primi Clienti sono piccole aziende regionali che hanno sofferto la crisi del 2008, che sono sopravvissute allo tsunami finanziario e che sono alla ricerca di un motivo per rilanciare le loro produzioni, e un nuovo materiale può essere una buona ragione di rilancio; questi primi Clienti ci danno la possibilità di sperimentare la tecnologia, di fare sbagli e di individuare via via le soluzioni più appropriate.

L'anno 2013 è importante, se non da un punto di vista commerciale, certamente da un punto di vista tecnico in quanto gli investimenti pensati nel 2011, attuati e finanziati nel 2012, sono finalmente adottati.

Il momento più buio

Ripensando a quegli anni, alle grandi scommesse che abbiamo fatto, avremmo avuto bisogno, questo si, di una maggiore fortuna nel trovare interlocutori più seri, più professionali e capaci. Sbagliare interlocutori può rappresentare a volte un errore mortale.

Nel 2013 e nel 2014 le difficoltà ad attuare il funzionamento delle macchine, le prestazioni delle macchine non in linea con quelle previste da contratto, la scarsa professionalità dei nostri interlocutori, un robotista integratore e un softwarista, hanno rischiato veramente di far fallire l'azienda.

L'amara riflessione in questi casi è che anche di fronte a questi possibili rischi, siamo soli. La legge italiana, troppo farraginosa e "medioevale", talvolta finisce per favorire comportamenti "professionalmente criminali" contro i quali abbiamo poche difese. Se un fornitore si comporta in maniera dolosamente sbagliata (quindi non parlo di un fornitore che sbaglia, ma di braccia rubate al crimine), non ci sono armi efficaci soprattutto se sei una piccolissima startup e, in quelle prime fasi di vita, devi preoccuparti di sopravvivere.

Se di fronte ad un comportamento dolosamente sbagliato pensi di rivolgerti ad un legale, si farà un processo, passeranno gli anni e, se andrà come di solito va, il giudice che non è un esperto delle materie su cui decide, e mi spiace dire che con lui anche i professionisti che spesso lo affiancano, colpirà nel mezzo e lascerà insoddisfatte le legittime aspettative di giustizia.

Questi "signori" ci abbandonano dolosamente senza averci formato sull'utilizzo delle macchine. E ci ritroviamo a dover far funzionare robot antropomorfi che, vi garantisco, non si programmano come un forno a microonde.

Già questo sarebbe un grosso ostacolo da superare, ma quei primi anni di vita dei Superevo®, siamo negli anni a cavallo tra il 2012 e 2014, sono molto difficili anche per altri motivi. Fondare una startup in Italia, me ne sono reso conto per fortuna alla fine, è da pazzi scatenati. Il Sistema Italia non guarda a questi nuovi mondi, preferisce l'usato sicuro, le grandi aziende che perdono soldi, le società ormai decotte che lavorano a creare altri buchi di bilancio solo perché, magari, hanno qualche santo in paradiso o perché il funzionario di banca che gli ha concesso il fido non vuole prendersi la responsabilità di staccare la spina.

Il Sistema Italia, è un'ovvietà che voglio affermare, non è il bengodi e noi non siamo l'ombelico del mondo che i giornali ci raccontano; non è un caso che ogni anno migliaia di laureati ci lasciano e non è un caso se le grandi imprese nascono da qualche altra parte. Il problema delle startup, ci dicono gli esperti, è che sono sottocapitalizzate; lo sanno tutti gli startupper e non è una novità.

Che lavorino gli esperti a creare un sistema del credito finalmente libero nel quale si finanzino le idee (supportate dai business plan) e non solo gli attivi (falsi?) dei bilanci.

E se qualcuno mi dice che gli istituti bancari non sono la strada giusta per finanziare una startup gli do ragione ma gli chiedo anche di indicarmi, al vero, quali sono le reali alternative (li sento già: i business angel, i venture capitalist, i fondi…? ma dove vivete esperti?). Ben di rado qualcuno è disposto a investire in una piccola startup per quanto l'idea possa essere accattivante: perché il concetto di fallimento in Italia è un concetto negativo e quasi tombale.

Colui che con la propria attività fallisce in Italia è considerato appunto "un fallito"; è come se una persona che commette uno sbaglio fosse considerata "sbagliata" … in questo modo nessuno farebbe più nulla. A volte ci lodiamo (siamo come la combriccola di Pulp Fiction) dicendo che (noi italiani) siamo creativi, ci piace il bel vivere, riusciamo sempre a trovare una soluzione a tutto, ma siamo seri?

Il mondo corre e noi abbiamo le rovine delle civiltà antiche; siamo ancora a recriminare per il possesso della Gioconda mentre ogni anno migliaia di possibili capolavori (i cervelli in fuga) ci sono sottratti da quei Paesi che, senza alcun inganno, hanno creato al proprio interno, condizioni che definisco “normali”, per le quali si premia il “merito”.

Nell'America in cui nascono le multinazionali della Silicon Valley dell'innovazione, fallire è la norma per arrivare a fare cose importanti. Della stessa Amazon si citano sempre i successi e mai i fallimenti, che sono in numero maggiore. E invece avrebbe significato, e sarebbe educativo per tutti noi, dire che chi ha successo è disposto a sbagliare, che è giusto, che è umano sbagliare.

Da quelle parti il mercato, in primis quello finanziario, è disposto a rischiare un po' per scoprire le nuove Facebook, le nuove Tesla, le nuove Amazon. In Italia no. Si ammirano quelle iniziative ma non saremmo disponibili a rischiare anche una piccola parte del nostro patrimonio per tentare di emularle. È un vero peccato.

Guardando a quegli anni ricordo di tutti coloro che avrebbero potuto affossare la nostra iniziativa: il direttore di banca incompetente, a volte disonesto e comunque mai, dico mai, disposto a prendersi la più piccola responsabilità, neanche quella di condividere la buona impressione che ha avuto su di voi con il funzionario che decide sui prestiti (quanti direttori ci si riconoscono?).

Addirittura, ci è capitato, in quegli anni, che un "antico" istituto bancario nazionale, e primario istituto toscano, con il quale eravamo affidati, ci abbia deliberato il leasing per l'acquisto di un importante macchinario, con il proprio ramo "leasing". Ed è capitato che lo stesso istituto, con il ramo "banca", ci abbia concesso un anticipo per avviare l'acquisto del macchinario, allo scopo di favorire l'operazione.

Ed è capitato che alla scadenza di questo prefinanziamento, per un errore interno all'istituto (la persona incaricata era in ferie) il prefinanziamento stesso sia stato fatto decadere, determinando un crollo del nostro rating che il ramo finanziario ha usato quale motivazione per non concederci il leasing. Come definireste questi comportamenti?

Tutto quel ciarpame di piccoli intermediari, spesso legati a categorie professionali (commercianti, artigiani, ecc.) che speculano su un mercato imperfetto come il nostro. E con queste difficoltà arrivano i problemi, quelli grossi.

Arrivare a fine mese e non riuscire a pagare le ricevute è un grosso problema perché il rating bancario va a picco, i fornitori pretendono di essere pagati in anticipo con soldi che la banca non vi anticipa, magari si ritardano le consegne e la credibilità nei confronti dei clienti si deteriora.

Potrei andare avanti per ore a raccontare le gravi difficoltà che incontriamo in questi anni. I problemi sono la sottocapitalizzazione, e questo l'abbiamo detto, ma anche il nostro essere una startup e l'essere lontani dal raggiungere il punto di pareggio.

A tutto questo si aggiungono i progetti sbagliati, non in quanto tali, ma perché sia noi che i nostri Clienti di allora conosciamo ancora poco la nostra tecnologia e la "fame" di lavoro ci porta ad accettare commesse che presentano una alta percentuale di fallimento. Ma non avevamo alternative.

E per guardare a noi stessi, collaboratori che non si sono rivelati all'altezza di quello che erano le aspettative e io stesso, senza guardarmi troppo intorno, spesso non all'altezza delle situazioni per incapacità, per inesperienza, per presunzione. Ci sono stati tanti momenti nei quali, ad essere razionali, sarebbe stato più indolore mollare tutto che continuare nell'impresa.

Eppure, qui vi chiedo un atto di fede, mai ho pensato di mollare.

Perché avevo fede in me stesso e nel sentirmi capace di riuscire, perché credevo in quello che stavo facendo, perché guardavo ogni giorno alle soluzioni e alle opportunità e non mi curavo troppo dei problemi, perché ho avuto la fortuna di formare una Squadra di persone che hanno condiviso con me quei momenti e non mi sono mai sentito solo.

Romperci i denti è servito molto a migliorarci, soprattutto come uomini.

La perseveranza e una fede incrollabile

Il 2014 è un anno di transizione: i macchinari sono nuovi, i nostri interlocutori come detto si sono rivelati dei mezzi mascalzoni, e ciononostante l'azienda ha risposto in maniera forte e sta cercando in tutti i modi di far uscire la produzione.

Cominciamo a ottenere i primi risultati, che sono incoraggianti e che ci stimolano ad un impegno ancora maggiore. Ricordo in quel periodo le notti passate in fabbrica insieme al mio amico Matteo a lavorare alla programmazione di quelle macchine e per cercare, fuori dalla linea di produzione, di capirci finalmente qualcosa (ricordate che eravamo stati abbandonati "in mezzo al mare").

Notti alle quali ripenso con affetto perché, a distanza di anni, un tale impegno, una tale passione, una tale dedizione, perseveranza e anche cattiveria non avrebbero potuto altro che condurci dove oggi siamo. Nessuno venga mai a dirci che il successo è frutto della fortuna.

Le macchine che cominciano a sfornare prodotti ci suggeriscono di pensare ad uno sviluppo commerciale più serio del nostro prodotto. La nostra conoscenza della natura intima della tecnologia è ancora parziale e il mercato, che è abituato a tecnologie ormai consolidate, è maldisposto o perlomeno è molto critico nel sostituire a strutture in metallo o in legno strutture in polistirolo.

Non resisteranno mai, ci sentiamo dire. Ma come pensate di poterle proporre al mercato, si vede che non avete esperienza. Queste sono alcune delle critiche mosseci e chi ci cerca lo fa soltanto per proporci prodotti impossibili da realizzare con tecnologie tradizionali: per questi ultimi Superevo® rappresenta soltanto l'ultima spiaggia.

Beh, molte di queste proposte impossibili sono ancora oggi in produzione e rappresentano la prima base per poter cominciare a dire al mercato che abbiamo qualche freccia al nostro arco, e qualche risultato l'abbiamo già raggiunto. Sono proprio queste grandi difficoltà, questo dover lottare contro nemici a volte anche sconosciuti o comunque imprevedibili, che ci temprano e ci danno, giorno dopo giorno, la giusta motivazione.

Il lancio di una startup è un processo lungo e impegnativo: le situazioni difficili non si risolvono da un giorno all'altro. C'è bisogno di anni, e di un impegno costante giorno dopo giorno. Piccoli costanti miglioramenti che, sommati insieme, danno un grande risultato.

È l'esperienza che abbiamo vissuto anche a noi e che ci ha visto, dopo qualche anno, scoprirci in una dimensione completamente nuova. Ritorna sempre un concetto di cui ho parlato in precedenza e che rappresenta il filo conduttore di tutto: la perseveranza, e una fede incrollabile nel fatto che ce l'avremmo fatta. Senza questi due elementi non sarebbe stato possibile.

La perseveranza è la vera caratteristica che distingue coloro che riescono da coloro che non ce la fanno e ad un certo punto mollano, nonostante fossero spinti dalle più forti motivazioni iniziali. Non c'entrano nulla la capacità e le conoscenze tecniche.

Ma perseveranza e fede viaggiano insieme: non c'è perseveranza se non c'è una fede incrollabile nel fatto che riusciremo a vincere la battaglia. E questo deriva da una fiducia incrollabile in sé stessi, nel feedback da parte di persone amiche, che si uniscono a creare una Squadra che, via via formandosi, diventa sempre più consapevole delle proprie capacità, della propria forza, del fatto che, come Squadra, può riuscire a fare veramente tanto.

So di non essere speciale e che non sto dicendo nulla di nuovo rispetto a quanto già sapete. Senza un super lavoro, senza una capacità, quelle famose skill, senza la forza e la volontà di resistere per un altro "miglio", non si ottengono risultati.

Quando incontri i campioni

Questa incoscienza, questa voglia di non mollare mai, questa fiducia incondizionata nel fatto che, in un modo o nell'altro, saremmo riusciti a venire a capo di tutti i problemi e a dare veramente un futuro alla nostra azienda, acquisiscono una forza incredibile nel momento in cui incontri i campioni.

Del concetto di "campione" ho già parlato nel primo capitolo; per campione non intendo un supereroe, ma quella persona o quell'azienda che, in una data fase, si trova nel momento giusto nella situazione perfetta per rappresentare per voi un momento di svolta. Incontrare un campione non è facile: non vive sugli alberi e non viaggia con un segno di riconoscimento visibile.

Incontrare i campioni non è neanche una questione di fortuna. Ricordate il concetto del "movimento casuale" di queste tante formichine di cui vi ho parlato? Capita, nel lavoro, nella vita privata, nelle relazioni che si vengono a creare, che ci imbattiamo in un campione; è la nostra volontà di ricercare queste situazioni, queste relazioni, questi rapporti, sono le nostre decisioni in merito al futuro che vogliamo costruirci che determinano la probabilità di imbattersi in uno di questi individui speciali.

Un campione non è un fuoriclasse, non è dotato di poteri speciali, non ha gli occhi azzurri, né viaggia su di una supersportiva: spesso si tratta di persone normali ma che sanno fare ogni giorno la differenza in quello che fanno. Il campione ha un carisma, è autorevole e di solito non autoritario, guida con l'esempio e l'esempio è sempre un comportamento positivo, costruttivo, tiene buone relazioni e, quando serve, non ha paura di dire quello che pensa.

Il campione non è una persona facile, anzi spesso ha un carattere deciso; non è neanche una persona particolarmente cortese, e quando serve sa dirti in faccia quello che c'è da dire. Il campione però è quella persona che quando c'è bisogno, e non lo fa con tutti, sa prenderti per mano e sa condurti fuori dal labirinto, sa suggerirti soluzioni semplici che risolvono le situazioni in maniera equa per tutti.

Il campione generalmente non è neanche un rompiscatole che si fissa su particolari secondari, anzi è una persona che vive di sostanza; sa distinguere chiaramente ciò che ha valore da ciò che non lo ha e sa concentrare il focus del gruppo di lavoro, e dei propri interlocutori, su ciò che può avere un valore per tutti.

Il campione spesso, non sa di essere un campione. E anche questo lo rende un campione. Sono più che convinto che ciascuno di voi avrà riconosciuto, in questa descrizione, i propri campioni: persone speciali che hanno rappresentato qualcosa di importante nella propria vita umana e professionale, e che hanno un posto speciale nella nostra vita.

Io ho incontrato diversi di campioni nella mia vita, e come detto non è stato facile, perché c'è stato bisogno di muovere persone, situazioni e arrivare, alla fine sì casualmente, ma non per caso, a imbatterci in queste figure speciali. Non dirò i nomi e cognomi di queste persone perché di solito, come detto, sono campioni anche di modestia.

Il mio preciso impegno sarà di consegnare una copia di queste pagine a ciascuno di loro per dirgli nuovamente grazie.

La storia inizia

Nella vita della nostra Azienda i campioni si sono manifestati in fasi diverse e ogni volta è stata una rivelazione. Era la metà del 2014, stavamo uscendo lentamente da quella fase terribile che ho descritto, eppure ci eravamo ancora pienamente immersi, quando ci siamo imbattuti nel primo dei nostri campioni.

Quasi casualmente, ma non per caso, come ho più volte detto, abbiamo avuto la volontà di presentare la nostra tecnologia ad un'azienda e in quel caso, diversamente da altre volte, ci siamo presentati direttamente con un prodotto già realizzato che, visto con gli occhi di oggi, mi rendo conto fosse molto grossolano.

Ma abbiamo avuto la fortuna che tale tipologia di prodotto fosse la stessa che questa importante azienda voleva realizzare in quel momento e questo incontro, magicamente, ha rappresentato un punto di svolta per la nostra azienda. Da lì a pochi mesi quel prodotto è entrato in produzione, e tutt'ora lo è, e ci ha dato grandi soddisfazioni.

Ma non è stato un momento importante solamente da un punto di vista commerciale; è stato il momento nel quale abbiamo capito che il nostro prodotto, la nostra tecnologia, aveva un futuro industriale, ed è stata una bella sensazione.

È stato come quando Rocky Balboa ha sferrato il primo pugno ben assestato a Ivan Drago. È stata una grande iniezione di fiducia, una presa di coscienza della nostra forza che, come accade, ci ha stimolato a moltiplicare i nostri sforzi. Ed è stato, indubbiamente, il momento a partire dal quale la nostra azienda ha cominciato a viaggiare su binari diversi.

Chi fino ad allora guardava in maniera critica alla nostra tecnologia, e a distanza di anni possiamo dire che questo atteggiamento dipendeva in larga parte da dinamiche interne all'azienda stessa, ha dovuto ricredersi circa la bontà del nostro progetto.

Da questo primo incontro sono nate altre interessantissime collaborazioni. Abbiamo avuto la possibilità di metterci alla prova su grandi produzioni, cosa che fino alla metà del 2014 non era stato possibile. E noi come Azienda, ma anche come gruppo di lavoro, siamo cresciuti moltissimo.

Nel giro di pochi anni abbiamo moltiplicato il nostro volume di affari e, soprattutto, ci siamo strutturati per diventare una vera Azienda. Quell'incontro pertanto è stato importante perché di fatto è ciò da cui è scaturito tutto.

È stato il momento nel quale abbiamo smesso di ragionare con la logica dell'emergenza e abbiamo iniziato a ragionare con la logica dell'impresa. Programmi a medio e lungo termine, investimento sulle persone, sugli impianti, sullo sviluppo commerciale fino a prendere progressivamente coscienza di noi stessi e della nostra unicità.

Personalmente, il cambiamento più importante che ho notato è che, quando accadono queste cose, finisci di essere un cane sciolto e inizi ad essere parte di un team. I problemi che si affrontano in un'azienda, specialmente quando si è da soli, diventano problemi personali. Non esiste più una distinzione tra ambito lavorativo e ambito personale ma tutto è personale e tutto quanto riguarda noi stessi.

Il vantaggio di strutturare l'azienda consiste proprio nel fatto che, se non personalmente, il gruppo sarà in grado di affrontare e superare ogni difficoltà. Capita ancora oggi, anche se devo dire sempre meno, di fronte ad un problema, di crearmi un problema.
Ma è solo un attimo. Perché immediatamente penso all'organizzazione che ci siamo dati, alle persone e alle capacità delle quali mi sono circondato, al grado di coinvolgimento e di motivazione delle persone con cui lavoro e per i quali l'Azienda non è soltanto un posto di lavoro, e tiro un sospiro di sollievo

consapevole che quel problema sarà affrontato al massimo livello e sarà risolto.

C'è una bella differenza. È un bel salto rispetto alla situazione iniziale del partire da soli. E tutto scaturisce da quei magici incontri e, voglio dirlo, dall'essere pronti a riconoscere quei magici incontri e a metterli veramente a frutto.

Avere la lucidità di sapere dove si trova l'azienda, in quale direzione deve andare e quali risultati deve tentare di conseguire, è un elemento fondamentale per mettere a frutto e valorizzare i momenti nei quali appunto facciamo gli incontri della vita.

E tanti degli sforzi passati, che avevamo spesso giudicato inutili o non produttivi, fatti a vuoto, cominciano ad avere un senso. Qualcuno dice che ad un certo punto iniziamo ad unire puntini. È proprio così: tutto quanto acquista un senso, ogni sforzo, ogni esperienza, ogni delusione e ogni piccolo risultato, spesso considerato slegato dall'insieme, acquisisce una propria dimensione e assume una propria collocazione nel progetto complessivo nell'Azienda.

Che cresce, da quando ero da solo o con un collaboratore, e ora conta decine di collaboratori, ciascuno con la propria specifica competenza, con la propria specifica collocazione all'interno dell'organizzazione, con il proprio specifico perché.

La crescita è un'evoluzione anche personale che consente di imparare, dagli errori passati, ma soprattutto nell'ottica di una nuova prospettiva, quelli che sono i passi da fare e da progettare per il futuro. I problemi cominciano ad essere affrontati da un'altra prospettiva.

Quando prevaleva la logica dell'emergenza, del "io contro tutti", era una corsa a gettarsi a spegnere fuochi o ad accenderli, ogni volta con il rischio di arrivare tardi. Quando inizia a formarsi il team l'azienda si trasforma da essere una partita IVA a diventare una impresa. Siete circondati, a quel punto, da persone che lavorano allo stesso scopo anche se non sapete che cosa stanno facendo nello specifico.

Perché si tratta di persone di cui avete la massima fiducia e che, regolarmente, nei momenti opportuni, sanno portare a casa i risultati per i quali tanto si sono impegnate giorno per giorno. Ci sono voci distinte che combattono dentro di me, quella che mi suggerisce di dare, sempre, ogni giorno, l'esempio a tutti, e quella che mi dice che devo progressivamente sganciarmi dalla quotidianità e guardare oltre, ad altre iniziative, lasciando che l'azienda cresca da sola.

Di questo concetto, che fa rima con delega, ne parlerò più avanti. C'è da dire che per il momento continuo ad essere troppo attaccato all'esigenza di far crescere il mio team e di renderlo veramente autonomo. Di alcuni aspetti della gestione del team parlerò nel prossimo capitolo.

Quand'era Enea

Cambia il vento e cambiano anche le prospettive. I famosi versi di Enea Silvio Piccolomini, poi Papa Pio II (1405-1464), che ancora ricordo dei tempi del liceo, recitano: "Quand'era Enea niun mi conoscea / Or che son Pio tutti mi voglion zio".

Finché era semplicemente Enea, nessuno lo conosceva, ora che è diventato papa tutti lo vogliono per zio. Rimanendo con i piedi per terra, infatti la citazione ha solo scopo goliardico, è tuttavia la situazione che sarà probabilmente capitata a tutti coloro che, partendo da una situazione di svantaggio, finalmente hanno conquistato il loro posto al sole: coloro che prima vi snobbavano e che vi consideravano con sufficienza ora hanno il vostro numero in agenda e vi chiamano per nome.

Che ridere. Di solito questo tipo di comportamento lo

riconosciamo nelle persone che meno contano ai nostri occhi. Agli occhi dei Campioni rimaniamo infatti sempre le stesse persone, anche quando dovessimo diventare "Papa", perché per loro eravamo persone speciali già prima che gli altri si accorgessero di noi.

Cambiano le prospettive: quel direttore che non si faceva mai trovare è lo stesso che vi cerca per venire a farvi visita in azienda per proporvi nuove interessanti iniziative. Quel fornitore troppo impegnato e che aveva liquidato la vostra proposta con un semplice "non mi interessa" e che ora è interessato a lavorare per voi.

Quell'azienda che, in maniera disonesta, ha messo in giro voci false su di voi e che diventa la vostra prima sostenitrice. Senza scadere nella rivalsa, che è un sentimento sbagliato e che non ci appartiene, è il momento di non cambiare rotta e di continuare a considerare amiche le persone che ci sono state fin dall'inizio e semplici meteore gli altri.

Così il lancio di una startup è un'operazione che richiede un grande sforzo e una grande determinazione come detto. Necessita di una buona dose di incoscienza e della disponibilità ad affrontare sfide impossibili che in ogni momento potrebbero mettere a serio rischio la sopravvivenza dell'azienda.

Come dico spesso, si tratta di scalare l'Everest a piedi nudi, durante la stagione invernale. Ma esiste un momento nel quale si apre uno spiraglio tra le nuvole e il ghiaccio scompare e, ripagandoci dei grandi sforzi fatti, riusciamo a raggiungere quel prato baciato dal sole, ed è tutto per noi.

Ma non siamo soli, perché su quel prato incontriamo le tante persone che hanno contribuito, insieme a noi e come noi, a renderlo possibile. Ci sono i campioni, ci sono i collaboratori, ci sono le persone care. E basta.

Capitolo 4
Una squadra di campioni

Superevo®, l'azienda che ho fondato e di cui sono amministratore, progetta e realizza prodotti imbottiti (e non) con una tecnologia innovativa esclusiva brevettata. Per imbottiti, per le persone che non sono del settore, si intendono divani, poltrone, sedie, pouff e quant'altro.

Facendo leva su questa tecnologia innovativa esclusiva, e sulla capacità che le persone hanno messo nel fare bene quello che qualcun altro aveva pensato non fosse possibile fare, a partire dal 2012, nel giro di qualche anno, Superevo® è diventata partner di alcune delle più importanti aziende italiane ed europee del settore del design di alta gamma.

Non mi soffermerò sui nomi, sia perché rischierei di dimenticare qualcuno sia perché sembrerebbe poco elegante, ma appunto risulterebbe oggi più semplice dire per quali aziende Superevo® non lavora piuttosto che citare quelle con le quali collabora. Tra l'altro, venendo meno ad una tradizione abbastanza comune nel nostro settore, i nostri clienti sono tutte aziende distanti da noi.

Nessuno dei nostri Clienti è nella nostra regione, e questo a dimostrazione del fatto che se da un lato, purtroppo, l'industria toscana ha perso nel corso degli ultimi decenni tante importanti realtà (anche se altre per fortuna sono rimaste) che avevano rappresentato nel passato l'eccellenza della nostra industria del "bello", dall'altro è la conferma che la forza di un'idea riesce a superare barriere che a volte riteniamo insuperabili.

Nel corso dei prossimi paragrafi cercherò di illustrare brevemente quelli che, a nostro avviso, rappresentano gli elementi distintivi della nostra realtà.

Sognare in grande

Il primo elemento che non deve mancare in un'azienda e che deve essere una stella cometa che ispira ogni giorno l'azione dell'imprenditore, è quello di sognare in grande.

Sognare in grande non significa avere solamente delle grandi ambizioni, delle grandi aspirazioni, dei grandi obiettivi per un futuro che non arriverà mai: significa invece essere tanto visionari da alzare quell'asticella di quanto basta per rendere quell'obiettivo veramente eccitante, e nell'essere al contempo disposti a fare tutto quello che serve affinché questo grande obiettivo si trasformi in realtà.

Si dice però che un obiettivo senza una data di scadenza è un sogno. Il mondo è pieno di sognatori, di persone che domani, sempre domani, faranno grandi cose ma che oggi restano nella loro zona di comfort a complimentarsi con sé stessi per la bella pensata che hanno avuto.

Per queste persone di solito il domani non arriva mai. Allora, se è importante sognare in grande, lo è altrettanto elaborare un piano il più dettagliato possibile. Il più delle volte questa pianificazione mostrerà i limiti del sogno, altre volte, quando va bene, metterà in evidenza gli ostacoli, le necessità, le risorse e tutto quanto serve a raggiungere l'obiettivo.

Ogni sogno è infatti accompagnato sempre da rischi, minacce, e anche opportunità. Molti voi conoscono, perché la utilizzano di norma, l'analisi SWOT, che in economia rappresenta uno schema di ragionamento utile a mettere a fuoco, di fronte ad una nuova iniziativa, gli elementi che possono contribuire o minacciare la sua riuscita.

Senza entrare nel tecnicismo, questa analisi serve a definire quelle che possono essere le implicazioni a livello commerciale, tecnico, finanziario, economico, normativo e chi più ne ha più ne metta. E una volta fatta questa analisi è importante definire correttamente i tempi, i responsabili, le risorse e, anche se mi verrebbe da non dirlo, le alternative al piano.

Sulla strategia è bene essere, fin dal principio, quanto più possibile flessibili. Ma generalmente, se l'obiettivo è chiaro e se siamo sufficientemente determinati, questa flessibilità si manifesterà con grande naturalezza.

Per mia esperienza è invece importante, direi fondamentale, non avere un obiettivo alternativo, almeno in principio; finirebbe per distogliere energie dal nostro obiettivo principale e, di fatto, gli sottrarrebbe forza e appeal.

Invece, è corretto avere un piano B per le attività operative che servono ad attuare l'obiettivo. Bisogna, quindi, essere rigorosi sull'obiettivo ma flessibili sulle strade per perseguirlo. Nella nostra specifica esperienza, l'abbiamo scoperto dopo, si è seguito uno schema analogo in molti ambiti applicativi.

In ambito commerciale il nostro l'obiettivo era chiaro, ad era quello di giungere a promuovere il nostro prodotto, la nostra tecnologia, presso le più grandi aziende del settore dell'imbottito. L'iniziale strategia era quella di legarsi a tanti player che fossero in grado di utilizzare, ciascuno, i vantaggi offerti dal Polimex®.

Durante la fase applicativa, ci siamo resi conto che, specialmente all'inizio, non saremmo stati in grado di seguire troppi clienti e aziende magari anche molto diverse le une dalle altre perché avremmo rischiato di non offrire un buon servizio a nessuna di esse, ma che invece sarebbe stato più vantaggioso concentrarsi su pochi e significativi clienti. È quello che abbiamo fatto.

In ambito tecnico, abbiamo seguito uno schema analogo in moltissime occasioni: dalla scelta degli utensili di lavorazione, nella quale spesso abbiamo dovuto fare marcia indietro o, come amo dire, un passo laterale, alla selezione delle resine che dovevano garantire ben chiare caratteristiche, al tipo di organizzazione interna che ha subito progressive modifiche nel corso del tempo ogni volta che verificavamo di non essere allineati al nostro obiettivo.

Un altro aspetto di fondamentale importanza è la Squadra di lavoro. Nel corso del primo capitolo, ho parlato del concetto di campioni, di coloro che, anche in maniera inconsapevole, hanno rappresentato un punto di svolta determinante nella nostra vita.

Sono campioni diversi, ma pur sempre campioni, quelli di cui mi pregio di essermi circondato nel creare la mia Squadra di collaboratori. Qualche giorno fa dicevo ad una persona a me cara che, di fronte alla scelta se assumere una persona capace o assumere una persona motivata e leale, la scelta dovrebbe sempre ricadere sulla seconda perché se è vero che le capacità tecniche si possono apprendere, affinare, migliorare, sarà ben difficile insegnare i principi dell'onestà, della lealtà, della motivazione.

Partendo da questo assunto un dipendente deve avere due principali caratteristiche: deve essere capace tecnicamente e nel proprio lavoro, e in questo senso deve essere produttivo, ovvero contribuire nel medio periodo ai risultati economici dell'azienda, ma deve essere anche congruente con la mission e i valori dell'azienda, deve cioè essere capace di contribuire, nel lungo periodo questa volta, al risultato strategico dell'azienda.

Entrambe queste caratteristiche sono importanti ed entrambe queste caratteristiche devono essere curate. Siccome non viviamo su Marte sappiamo che solo in alcuni casi le ritroveremo in un singolo dipendente. Capiterà, quindi, di imbatterci nelle quattro categorie di persone seguenti.

Coloro che sono motivati ma non sono produttivi, che dovranno essere formati e aiutati ad acquisire quelle competenze tecniche che li rendano produttivi. Dobbiamo investire in queste persone in quanto possono rappresentare la spina dorsale dell'Azienda.

Coloro che sono produttivi ma non motivati, che dovranno essere supportati e coinvolti affinché comprendano l'importanza del proprio ruolo all'interno dell'organizzazione e recepiscano, diventandone partecipi, la cultura stessa dell'azienda.

Coloro che non sono motivati né produttivi, che purtroppo nulla hanno a che vedere con l'azienda e nulla dovrebbero continuare ad avere a che fare con l'azienda e che, in qualche modo, non dovranno far parte dell'azienda.

Infine, troveremo coloro che sono motivati e produttivi e che rappresentano l'eccellenza dell'azienda e il modello al quale tutti gli altri dipendenti e collaboratori devono guardare.

Qualcuno si è spinto a dire che non sono i soldi che motivano le persone; io penso invece che non siano i soldi l'unica leva di motivazione ma che ci sia dell'altro. Tornando agli esempi calcistici, ritengo come molti di voi probabilmente che i calciatori siano spinti da motivazioni tipicamente economiche, ma quando incontri un campione, oltre a un equo riconoscimento economico, vorrà essere circondato da altri campioni.

A meno che cioè questo campione non sia a fine carriera e cerchi dell'altro, ricercherà una Squadra che oltre a dargli il riconoscimento richiesto gli garantisca di lottare per qualcosa di importante e di essere circondato da altri campioni come lui. Nelle nostre aziende, nel nostro piccolo, vigono regole analoghe.

I dipendenti, anche quelli che non esprimono mai un'opinione, in realtà sanno riconoscere il proprio valore e quello dei colleghi e si aspettano che il proprio leader sappia circondarli di persone che danno all'azienda il loro stesso contributo. Per i nostri campioni l'essere circondati da giocatori di serie B significherebbe sminuire il loro stesso valore.

Pertanto, nel costruire la Squadra, che è un elemento di fondamentale importanza ai fini del successo dell'impresa, è importantissimo puntare ad avere un gruppo equilibrato e, se ci riusciamo, a far si che sia composto in prevalenza di campioni.

Non sempre ci riusciamo, e certamente non in maniera costante. Gli errori li facciamo tutti e spesso le persone si rivelano diverse da quelle che avevamo immaginato potessero essere ma è importante avere sempre ben chiaro in testa questo obiettivo perché diventa un elemento fondamentale per creare il giusto equilibrio, la giusta armonia all'interno del gruppo e per garantire che il gruppo, anziché perdersi in piccole lotte interne, si muova compatto e motivato.

I grandi obiettivi richiedono grandi azioni. Dice un detto che se devi mangiare un elefante devi mangiarlo a piccoli morsi. Questo vale anche nell'ambito aziendale dove i grandi obiettivi si raggiungono con semplici azioni costanti.

Così, per raggiungere un grande obiettivo, la prima cosa da fare è di suddividerlo in piccole attività. È un lavoro che richiede impegno e tempo ma è di fondamentale importanza al fine di quello che seguirà.

Un secondo passo altrettanto importante è quello di agendare le attività. Agendare significa letteralmente, mettere in agenda giorno per giorno ciò che deve essere fatto per raggiungere quell'obiettivo: una telefonata, incontrare una persona, fare una ricerca su internet riguardo a una tema specifico, fare un'analisi di fattibilità di qualcosa, insomma tutto ciò che serve e che è funzionale al raggiungimento dell'obiettivo.

Il terzo step è quello di seguire l'agenda. Ovvero di rifuggire la "rimandite", quella tendenza a procrastinare le attività, e di attuare invece giorno per giorno quello che è necessario fare. Una volta intrapreso il cammino verso gli obiettivi, ogni giorno ci sarà un passo da fare nella giusta direzione, non importa se grande o piccolo quanto è importante che sia fatto. Ci "sveglieremo" dopo qualche tempo e, guardandoci indietro, ci meraviglieremo della tanta strada percorsa.

Ho affermato in uno dei precedenti capitoli che la vita non è una gara di velocità quanto piuttosto una lunga maratona. Occorre risparmiare le forze per i momenti di difficoltà, occorre tenere duro ogni istante anche quando le cose vanno nel verso sbagliato, occorre fare un piccolo sforzo in maniera continuativa, occorre soprattutto essere consapevoli che i risultati si vedono sul lungo periodo. L'importante è avere un buon piano.

E perché la maratona sia vittoriosa è necessario che passo dopo passo quello sforzo, quella tensione agonistica, quella concentrazione, quel focus siano costantemente presenti nella nostra mente. Il successo non segue formule magiche; coloro che oggi ci appaiono di grande successo in realtà giorno dopo giorno si impegnano fortissimamente per rimanere in quella posizione che si sono conquistati e noi, come loro, possiamo fare la stessa cosa.

Spesso, capita a me come anche a voi, vorremmo conseguire un obiettivo il giorno stesso in cui l’abbiamo pianificato. L'importanza di essere focalizzati sul lungo termine, di essere circondati di persone che possano darci dei buoni consigli nei momenti in cui vorremmo seguire l'istinto più che la nostra capacità di ragionamento, è proprio quella di riuscire a non forzare più di quel che è necessario i tempi.

Spesso, più adagio significa più veloce. Stressare le situazioni significa rischiare di rovinare in maniera irreparabile un certo tipo di percorso. Sarà capitato anche a voi di essere troppo insistenti con un collaboratore, con un fornitore, con un cliente e anche se involontariamente, di lacerare un rapporto.

A distanza di tempo, ci saremo fatti tutti quanti la stessa domanda: se mi fossi comportato in maniera diversa oggi che sono trascorsi appena pochi mesi da quando il rapporto si è definitivamente interrotto, magari avrei un rapporto di lavoro fiorente. L'ansia di portare a casa risultato può rovinare tutto.

Ecco che l'agenda diventa uno strumento molto importante, perché aiuta anche a riflettere, quando la si scrive, sull'opportunità o meno di fare una certa cosa in quel momento. Mi capita spesso di agendare un'attività e di pensare, nel momento stesso in cui sto alzando il telefono, che dovrei essere più paziente.

Pertanto, ritengo che la capacità di suddividere l'obiettivo in obiettivi più piccoli, di agendare le singole attività e di dedicarci le corrette risorse e responsabilità siano elementi fondamentali per raggiungere in maniera costante i propri obiettivi.

Strettamente connesso al concetto appena espresso ce n'è un altro di grande importanza che ho sintetizzato nelle parole "facile da fare e facile da non fare".

Nella vita personale, capita spesso di dover decidere su attività che potremmo decidere di fare o di non fare. E questo capita anche in ambito lavorativo. Magari di fare una corsetta ogni tanto o di regolarci a tavola; è facile da non fare perché se non faccio la corsetta o non mi controllo a tavola sul momento o nel breve termine non cambia assolutamente nulla. Sono in salute, sto bene, e il fatto di essermi concesso qualcosa in più a tavola o di avere evitato elegantemente di andare a fare quella corsetta non ha avuto nessun tipo di effetto.

Ma è anche facile da fare, perché dopo tutto lo sforzo di volontà che serve per poter fare quella corsetta o per evitare quella fetta di dolce a tavola è limitato, è controllabile, si può fare. Ripeto, però, che nel piccolo periodo non c'è differenza tra il fare una cosa o il non farla.

La differenza emerge in tutta la sua drammatica verità sul lungo periodo. Perché, nell'esempio che abbiamo appena fatto, se continuo a evitare di fare la corsa e di controllarmi a tavola dopo 2, 3, 5 anni mi ritroverò magari con 10-20 kg di troppo addosso mentre viceversa, se avrò avuto la costanza di seguire delle buone abitudini, a distanza di tempo mi troverò in forma e congruente con quelle che sono le mie aspettative.

Questa grande differenza sul lungo periodo deriva così da piccoli comportamenti quotidiani. La stessa cosa vale nella vita aziendale: perché dovrei redarguire quel dipendente che si è comportato male? Perché dovrei ridurre il costo di lavorazione, perché dovrei cercare un commercialista più collaborativo? Nel breve periodo fare o non fare quella cosa non determina nessun tipo di risultato.

Ma nel lungo periodo, l'affrontare direttamente le cose, mettersi in gioco e prendersene carico, fanno una grandissima differenza. Nella mia personale esperienza, mi è capitato di non affrontare una situazione lavorativa che sapevo essere negativa e di essermi ritrovato dopo tempo a dover affrontare un problema ben più grande. Oppure di non aver curato adeguatamente un cliente e di aver rischiato di incrinare il rapporto di fiducia.

Ripeto che si tratta sempre di piccole cose, mai di attività che possono sul momento fare una differenza così grande, ma di piccole attività, piccoli gesti che quasi passano inosservati nella vita aziendale.

Il mio personale suggerimento allora, lo stesso che do ai miei dipendenti quando si trovano a dover affrontare anche questioni personali, nella loro vita privata, è quello di affrontare le cose come se appunto non ci fosse un domani.

La Mission e i Valori

L'approccio alla gestione aziendale che ho brevemente accennato in questo capitolo e nei capitoli precedenti è un qualcosa che cerco giorno per giorno di trasferire a tutta la mia Squadra perché la cultura dell'azienda non è la cultura del capo ma è qualcosa che si respira nei corridoi, alle postazioni di lavoro, negli spogliatoi e che, il più delle volte, le persone portano con sé a casa e nella propria vita privata.

Mi piace pensare che dare un buon esempio sia un modo giusto di interpretare il mio ruolo di imprenditore. Avrete capito tuttavia che la nostra azienda, e non so se sempre ci si riesce, ha l'obiettivo di essere eccellente a vari livelli. Il modo migliore per puntare in alto, per costruirci un destino che ci piace, non quello che ci riserva la fortuna o il caso, è di definire esattamente chi siamo e perché facciamo quello che ogni giorno ci impegniamo a fare.

La mission non è una parola presa in prestito dalla lingua inglese quanto, piuttosto, il modo migliore di fare l'interesse dell'azienda partendo dalle fondamenta. Rappresenta il perché l'azienda fa ogni giorno quello che fa e per quale motivo esiste. Qual è il suo obiettivo ultimo, il sogno più grande e in che modo intende lasciare il segno.

La nostra Mission non ci è comparsa in sogno con una grande luce bianca: ma posso dire che, dopo un po' che lavoravamo insieme, è emersa in maniera naturale e spontanea quando abbiamo iniziato a comprendere il senso stesso di quello che vogliamo fare.

La mission di Superevo® è di rivoluzionare il settore degli imbottiti e offrire al cliente un'esperienza di acquisto unica e straordinaria (vedi figura).

La nostra **mission**
è **rivoluzionare**
l'industria degli imbottiti
e offrire al Cliente
un'**esperienza** di acquisto
unica e **straordinaria**

In queste poche parole c'è tutta l'essenza di ciò che siamo. Queste poche parole rappresentano il senso di ciò che noi ci impegniamo a fare ogni giorno, in ogni contatto che allacciamo, in ogni attività che svolgiamo, in ogni decisione che assumiamo.

Rappresenta la nostra linea guida e ciò al quale non verremo mai meno, per nessuna ragione. Se cambiassi la mission di Superevo, la stessa Superevo® non avrebbe più nessun significato di esistere. La mission non è qualcosa di calato dall'alto ma è qualcosa che invece si respira prima ancora di scriverla, ogni giorno parlando con le persone, avendo rapporti con i clienti e con i fornitori, quando si cercano i finanziamenti, quando si pensa a cosa ci piacerebbe fare per il futuro, rappresenta ciò che sono e che ho voluto trasferire alla mia azienda.

La mission non può scriverla un consulente esterno ma è frutto stesso e autentico di ciò che l'azienda è. La mission non è qualcosa che viene posto in maniera asettica dall'alto. Deve essere espressione diretta del pensiero dell'imprenditore ma, per essere credibile e per essere efficace, occorre che rifletta lo spirito dell'azienda.

La mission non è immutabile: ho detto che non potrebbe essere sostituita da un giorno all'altro perché vorrebbe dire alterare il DNA stesso dell'azienda, Ma questa Mission evolve nel tempo perché cambiano le aspettative delle persone, i famosi sogni, perché cambia il mercato, perché a volte capita di raggiungere gli obiettivi e di porsi obiettivi più importanti.

La mission porta con sé anche i valori, che sono lo strumento che supporta il raggiungimento della Mission. Sono quelle linee guida morali e comportamentali che guidano ogni giorno le nostre azioni. I 6 valori sui quali Superevo® fonda la propria esistenza sono i seguenti (vedi figura).

Consideriamo **irrinunciabile** perseverare nella ricerca dell'**eccellenza** a qualsiasi livello

---

Crediamo fortemente che i **risultati** si ottengano con l'**impegno** ed il lavoro di **squadra**

Siamo convinti che il Cliente ci misuri dal **contributo/valore** che portiamo al suo **successo**

Crediamo nell'importanza di favorire la **crescita umana** e **professionale** delle persone

---

Siamo impegnati ogni giorno a rappresentare per il mercato sinonimo di **autorevolezza** e **affidabilità**

Vogliamo contribuire affinché il **mondo** intorno a noi sia un posto **migliore**

Voglio a questo proposito raccontarvi il modo curioso nel quale abbiamo individuato i valori di Superevo®.

Vi ho già detto che mission e valori non possono essere calati dall'alto, ma devono essere espressione autentica di quello che l'azienda e le proprie persone sono. Occorre una congruenza quanto più perfetta possibile tra ciò che siamo e ciò che ci impegniamo giorno per giorno a raggiungere.

Quello che era da evitare, nello scrivere i nostri valori, era proprio di creare un solco tra di noi. D'altra parte, va detto che i valori, al pari della mission, non nascono sugli alberi, ma si respirano ogni giorno in azienda. Pertanto, è stato piuttosto facile, da parte mia, individuare quelli che era evidente fossero i capi saldi sui quali si basava la nostra azienda e che erano riconoscibili nella quotidianità.

Per fare in modo che il processo fosse condiviso, ho voluto fare un gioco. Come detto ho definito, insieme ai miei più stretti collaboratori, quelli che a nostro avviso potevano essere i valori di Superevo® e, insieme a questi, altri che chiaramente non ci rappresentavano.

Questo insieme di valori è stato scritto su una serie di bigliettini che sono stati forniti, in busta chiusa, a ciascun dipendente nel corso di una specifica riunione. Il compito "a casa" sarebbe stato quello di valutare, ciascuno per proprio conto, quali valori ritenevano corretti a rappresentarci e quali no. Nel corso di una successiva riunione a ciascuna persona è stato richiesto di portare con sé i bigliettini consegnati, suddivisi tra valori corretti e non, e di depositare i valori a loro parere corretti da una parte del tavolo e i valori non corretti dall'altra.

Come potrete immaginare è capitato che lo stesso valore risultasse presente sia nell'insieme dei valori corretti che nell'insieme dei valori non corretti. È a questo punto che si è aperto il confronto; prelevando via via dal tavolo un valore a caso, tra quelli che comparivano da entrambi i lati del tavolo, ho chiesto a coloro che lo avevano ritenuto positivo di spiegare perché fosse tale a coloro che avevano giudicato il valore negativo.

Lo stesso processo è avvenuto anche in senso inverso: coloro che avevano ritenuto un dato valore negativo hanno spiegato le ragioni agli altri. Alla fine dell'incontro, come già avrete compreso, al netto di errori di interpretazione, di fraintendimenti, tutti quanti, in assoluto, siamo stati coesi nel definire quelli che poi sono risultati i nostri 6 valori, che vado a ripetere:

1) Consideriamo irrinunciabile perseverare costantemente nella ricerca dell'eccellenza a qualsiasi livello. Questo valore significa per noi essere impegnati ogni giorno per migliorare la nostra azienda e il nostro lavoro ad ogni livello. Non soltanto a livello di prodotto, ma anche a livello di soddisfazione del cliente, di procedure interne, di soddisfazione dei lavoratori, e di tutto quanto attiene con il nostro vivere lavorativo quotidiano. L'adozione di un nuovo gestionale è la diretta conseguenza di questo valore.

2) Crediamo fortemente che i risultati si ottengano con l'impegno e il lavoro di Squadra. All'interno della nostra azienda tutti sanno che non esistono soldati semplici e generali ma siamo tutti impegnati, quotidianamente, ciascuno nel proprio ruolo, a far sì che la Squadra raggiunga il massimo risultato possibile.

3) Siamo convinti che il Cliente ci misuri dal contributo/valore che apportiamo al suo successo. Noi di Superevo® non ci sediamo mai sugli allori. Pensiamo che il successo di oggi non garantisca il successo di domani mentre sia garanzia di successo l'impegno costante e la tensione continua verso il nostro miglioramento. Il cliente sceglie Superevo® perché la ritiene migliore degli altri: i

rapporti personali e le relazioni costituiscono certamente un aspetto importante del nostro lavoro, ma devono essere qualcosa che va oltre il risultato minimo ed eccellente che l'azienda, organizzata a questo fine, deve riuscire a garantire ogni giorno.

4) Crediamo nell'importanza di favorire la crescita umana e professionale delle persone. Per noi le persone non sono forza lavoro ma sono risorse importanti per il presente e per il futuro. Amo dire che le persone vengono scelte per le loro teste e non per i loro muscoli. Certo il lavoro richiede di utilizzare la forza fisica ma è sempre un approccio e un coinvolgimento adeguato che trasformano questo semplice esercizio in qualcosa che da un vero valore aggiunto all'azienda. Per questo le persone sono sollecitate a migliorare sia nella propria vita lavorativa che a livello personale. L'azienda sostiene i progetti di sviluppo personale delle persone.

5) Siamo impegnati ogni giorno a diventare per il mercato sinonimo di autorevolezza e affidabilità. In un mondo di pirati in cui spesso troviamo aziende che fanno il gioco delle tre carte, noi siamo impegnati ogni giorno ad essere un'azienda quanto più possibile "normale". Nessun effetto

speciale, nessun trucco ma onestà, lealtà, trasparenza, sostanza, esserci sempre, talvolta anche con i nostri errori.

6) Vogliamo contribuire affinché il mondo intorno a noi sia un posto migliore. Dentro Superevo® siamo tutti convinti che lo scopo della nostra vita non sia quello di lavorare in Superevo® ma che lo siano gli affetti, i nostri sogni personali e il nostro ruolo nel mondo. Per questo, riteniamo che non debba essere solamente uno stipendio ciò che ci fa alzare ogni mattina per venire al lavoro ma che debba esserlo la volontà, il bisogno, la consapevolezza che con il nostro lavoro si possa fare anche la nostra piccolissima parte nel mondo.

A questo proposito l'azienda sostiene, nel suo piccolo, progetti di aiuto alle persone in difficoltà rendendo le nostre persone protagoniste di questo sostegno (i progetti da sostenere sono proposti e scelti da tutti).

Ritengo personalmente, e come me molti in azienda, che la mission e i valori siano elementi in grado di fare la differenza, sia nel clima aziendale, sia nello spirito che guida ogni giorno le nostre azioni, sia nei risultati che si ottengono.

Siamo tutti quanti ogni giorno coinvolti nel perseguire questa Mission e nell'essere coerenti con questi valori, anche se non sempre ci riusciamo, e tanti piccoli segnali ci confermano costantemente che siamo sulla strada giusta. Lo siamo quando cerchiamo di efficientare i processi per migliorare la qualità dei prodotti e semplificare il lavoro delle nostre persone.

Utilizzare dime di controllo, maschere di montaggio, strumenti che qualcuno definisce a prova di errore, sono la premessa importante perché le nostre persone siano impegnate non tanto a risolvere l'ordinarietà ma a pensare, in ogni momento, a come migliorare ulteriormente i processi.

Lo siamo quando, cosa che accade con una certa regolarità, oltre ai riconoscimenti di natura economica, ci ricordiamo di dire "bravo" alle persone che fanno bene il loro mestiere e che danno veramente un contributo alla crescita dell'azienda. Lo siamo quando coinvolgiamo il personale nell'organizzare momenti di confronto per ottenere suggerimenti sul miglioramento dei processi.

E a tutto questo aggiungo che l'età media dei nostri addetti ai reparti produttivi è di 27 anni, quindi abbiamo a che fare ogni giorno con persone molto giovani. Molto giovani ma con un grande potenziale. Di recente, abbiamo introdotto in azienda lo strumento dello scrum.

Letteralmente con il termine “scrum” si intende la mischia del rugby, la situazione di gioco in cui i giocatori della Squadra compongono un insieme compatto che spinge nella stessa direzione. All’interno di Superevo® fare Scrum significa organizzare riunioni cadenzate autogestite dal personale, durante le quali le persone, liberamente e senza costrizioni, coordinate da un facilitatore, analizzano criticamente il proprio lavoro e, al loro livello di conoscenza, suggeriscono soluzioni immediatamente adottabili che possono in maniera significativa migliorare il proprio lavoro. Migliorare il lavoro significa renderlo più semplice, meno pesante, più produttivo.

Lo siamo quando ci mettiamo dalla parte del Cliente per cercare, per quanto nelle nostre possibilità, di collaborare a risolvere i problemi senza mai assumere l'atteggiamento del non è possibile, non ci riguarda.

E lo siamo anche quando ci impegniamo ad essere fonte continua di innovazione per i nostri Clienti.

Lo siamo quando facilitiamo un dipendente che magari ha deciso di iscriversi all'università, organizzandogli un orario di lavoro che gli consenta di partecipare alle lezioni on-line o in presenza o quando qualcuno decide di investire su sé stesso per il proprio miglioramento personale.

In ogni caso, l'azienda tratta questi segnali come una fonte preziosa di miglioramento. Il nostro obiettivo è avere a che fare con persone che siano positivamente critiche con l'operato della direzione e non rassegnatamente ubbidienti.

Lo siamo quando, a dispetto talvolta di difficoltà apparentemente insormontabili, ci impegniamo con tutti noi stessi a mantenere gli impegni. Non è facile, e non sempre purtroppo ci riusciamo ma il nostro principale impegno è quello di mantenere la fiducia dei nostri partner. È una questione di principio o, come diciamo noi, di valori.

Lo siamo, infine, quando pensiamo che, con tutti i problemi che possono emergere nella vita aziendale, siamo comunque persone fortunate, fortunate nel senso di fortunate, e dobbiamo ricordarci di coloro che invece non hanno avuto il nostro stesso destino. Sempre.

Già avrete capito che diamo grandissimo valore alla Squadra. Ho detto che nella nostra organizzazione non esistono soldati semplici e generali ma siamo i giocatori di una Squadra i quali, ciascuno nel proprio ruolo, sono fondamentali a garantire il funzionamento corretto nell'insieme.

Questo vale sia a livello di strategie, di organizzazione lavorativa e anche di responsabilità. Nella nostra azienda amo dire, e oltre questo, mi impegno affinché non esistono persone insostituibili. Ovvero, tutti coloro che fanno parte della Squadra sono persone impagabili e insostituibili ma, a patto che si mantenga l'accordo solenne tra di noi, prima, sempre prima, viene l'interesse dell'Azienda.

Questo ragionamento fa gli interessi dell'Azienda, e quindi miei come imprenditore. Se l'Azienda funziona bene ne ho naturalmente un vantaggio; eppure, spesso nell'imprenditore che non sbaglia mai, che è il centro del mondo, prevale l'autocompiacimento verso sé stesso e prevale sugli interessi dell'azienda.

Nel nostro caso mi piace pensare che invece questi due aspetti debbano rimanere completamente distinti. Voglio dire, per essere più chiaro, che anche io non sono insostituibile. È chiaro che qui si entra in un ragionamento più complesso e che coinvolge aspetti di natura personale, ma in un momento di lucidità vorrei dire che, se la mia scarsa capacità, i miei limiti, il mio atteggiamento sbagliato dovessero in una certa fase diventare un limite per l'azienda, vorrei augurarmi di avere la tranquillità e la lucidità di scegliere, al mio posto, qualcuno migliore di me.

Questa la teoria. Nella pratica le persone, che sono sostenute nel miglioramento e nel cercare di svolgere al meglio il loro lavoro e di vivere al meglio la loro vita aziendale, sappiamo tutti quanti e sanno essi stessi che devono ogni giorno dimostrare di essere parte della Squadra.

Riprendendo il concetto di "Squadra di campioni" di cui ho già parlato nel corso di questo capitolo, beh qua si arriva alla estrema conseguenza di chiedere alle persone che dentro Superevo® non è sufficiente fare il proprio compito. È invece necessario essere per gli altri la rappresentazione plastica dello spirito dell'azienda.

A questo proposito voglio fare un esempio che, purtroppo, è capitato di recente. Era con noi una persona molto in gamba, molto capace, con grandi potenzialità di miglioramento, che purtroppo pensava che il suo compito si limitasse a fare bene il proprio mestiere, la propria mansione, non interpretando mai in maniera corretta lo spirito dell'azienda che ho descritto in queste pagine.

Era una persona, quindi, potenzialmente molto produttiva, e con un margine di crescita importante, che auto-limitava le proprie prestazioni nella convinzione di riuscire, già in questa maniera, ad adempiere al proprio compitino.

La permanenza di questa persona sarebbe stata potenzialmente esplosiva nei rapporti interpersonali. Con grande dolore abbiamo dovuto decidere, utilizzo il plurale perché in questo caso, come in altri, la decisione è derivata dal coinvolgimento dei vari responsabili, di fare a meno di questa persona.

Ma un ulteriore esempio della necessità di anteporre gli interessi dell'Azienda all'autostima dell'imprenditore è la decisione, assunta anni orsono, di dotarsi di un Direttore Finanziario. La materia finanziaria è molto delicata e richiede specializzazione. L'imprenditore non è un tuttologo e non dovrebbe mai fare l'errore di pensarlo.

Deve essere bravo a tenere insieme il team e a dare una buona prospettiva di sviluppo, deve essere il “front man” dell'azienda ma non può pensare di poter suonare tutti gli strumenti, il basso, la batteria e il violino. Per questo servono gli specialisti, soprattutto se si vuol far crescere l'Azienda e l'imprenditore non vuole rappresentarne un limite. Il nostro Direttore Finanziario è uno specialista, e un amico, e ha dato un grande valore aggiunto all'azienda consentendoci di abbattere i costi finanziari annui e di costruire un rapporto più equilibrato con gli istituti finanziari.

La stessa cosa vale per l'innovazione: 4 antenne sono meglio di 2! È per questo che abbiamo ricercato e individuato una persona che è personalmente e quotidianamente impegnata e coinvolta nei processi di innovazione del mercato. Questo professionista ci fornisce costantemente informazioni utili a migliorare le nostre performance ad ogni livello.

Raccogli le cartacce sul pavimento

Capita, per fortuna non troppo spesso, che ci siano deviazioni rispetto a questa linea di indirizzo virtuale che ho descritto. Succede infatti che qualcuno devii rispetto alla linea retta che l'azienda dovrebbe percorrere.

Succede anche da noi che a volte si intraprenda, da parte di qualcuno, la strada "veloce" delle recriminazioni: non posso fare tutto io, ma questo è compito di quell'altro, se ciascuno facesse il proprio mestiere, non mi competerebbe.

Ciascuna di queste seppur banali affermazioni rappresenta un potenziale innesco di bombe pronte a esplodere. Sono segnali che devono essere immediatamente intercettati e gestiti perché le conseguenze del non fare nulla (ricordate il "facile da fare e facile da non fare"), potrebbero essere catastrofici.

Sarebbe più facile sul momento non fare nulla: stiamo calmi, dopo tutto non succede nulla. Col cavolo. Allora se non l'ha fatto lui non lo faccio neanche io, visto che la persona si limita a fare il suo piccolo compitino, anch'io faccio il mio. Per evitare di arrivare a spirali di questo tipo occorre subito intercettare il segnale e, al nostro interno, lo facciamo sempre con l'esempio delle carte per terra.

Ci sono sicuramente in Azienda persone più attente, più ordinate anche a livello personale, rispetto ad altri. Sono le persone che sono purtroppo tenute, talvolta, a dover recuperare le mancanze di altre persone e a sostituirsi in certi compiti.

La persona che telefona perché ha avuto un improvviso malessere; la persona che non ha riposto le attrezzature dove doveva e questo ha richiesto mezz'ora di ricerche; la persona che non ha registrato correttamente i compiti svolti a danno della contabilità analitica. Volendo potremmo fare 100 esempi al giorno di cose che potrebbero accadere e che dovrebbero richiedere sempre che qualcuno intervenga a compensare le mancanze di qualcun altro.

Umanamente saremmo portati a non farlo, specie se la cosa si ripete ma, per il bene dell'azienda, è importante che le persone che hanno maggiore attenzione la mettano a disposizione della Squadra. È compito invece dell'imprenditore, dopo aver ringraziato le persone che hanno fatto il loro dovere andando oltre il proprio compito specifico, recuperare la situazione con gli altri, i distratti, spiegando che, se vogliamo che la Squadra sia una Squadra di Campioni, tutti quanti dobbiamo comportarci in questo modo e, prima di questo, acquisire la mentalità dei campioni.

Non è un percorso semplice e non è un percorso breve ma devo dire con grande soddisfazione che stiamo assistendo a cambiamenti importanti nelle persone che a volte lasciano senza parole. Venire incontro alle esigenze dell'azienda in maniera proattiva e anticipare i bisogni dei colleghi è la strada giusta per diventare, dapprima in maniera sporadica e via via in modo sempre più naturale, le persone che noi tutti quanti ci siamo adoperati ad avere in Squadra.

L’allenatore coach

Ne risulta che l'imprenditore deve abbandonare il suo ruolo di titolare, di padrone come talvolta ancora purtroppo si sente dire e acquisire progressivamente la mentalità dell’allenatore, del coach. Ho già anticipato che a mio avviso il compito dell'imprenditore non è quello di spegnere le luci la sera ma quello di insegnare agli altri a come accendere e spegnere le luci quando serve.

Il compito dell’imprenditore, in fondo, è quello di rendersi inutile alla propria Azienda. Io su questo sono impegnato ogni giorno. Inutile non significa senza significato, inutile significa avere tessuto un'organizzazione che è in grado di viaggiare e di ragionare in modo autonomo.

È il compito più difficile dell’imprenditore e nel quale pochi, purtroppo, riescono. Per limiti personali, per carenza di pazienza, per scarsa perseveranza. Quanti imprenditori conoscete, diciamoci la verità, che come lo fanno loro il loro mestiere non lo fa nessuno. Che come riescono loro a fare quel tipo di lavoro specifico nessun altro sarà mai in grado di farlo.

Ritengo che questo tipo di atteggiamento sia distruttivo per l'imprenditore e per l'azienda. Perché non concede all'imprenditore l’opportunità di liberarsi delle incombenze quotidiane per sviluppare veramente l'azienda, perché non darà la possibilità all'azienda di crescere, perché ci sarà sempre un tappo costituito dall'imprenditore fenomeno.

D'altro canto, ci sono persone che invece ragionano in questa maniera e che delegano. I risultati talvolta possono tardare ad arrivare perché i compiti sono complessi, c'è bisogno di insistere nell'insegnare, nell'affinare, nel mettere a punto certi meccanismi, e allora manca la pazienza e la perseveranza di raggiungere l'obiettivo.

Dal mio punto di vista, investire nella formazione delle persone è uno dei compiti più importanti dell'imprenditore. L'altro è quello di dare una visione, di osservare il mondo cercando di annusare e percepire i cambiamenti in atto, il vero motore dell'Innovazione, per adeguare l'azienda e i processi e la strategia a questi cambiamenti.

Il terzo è quello di mettere a disposizione dell'azienda le risorse finanziarie necessarie cercandole dove possibile: sempre meno nei canali tradizionali, ormai globalizzati e rovinati dall'aver perduto il rapporto personale con l'imprenditore; sempre più invece, soprattutto se i processi sono innovativi e quindi c'è il valore dell'Innovazione a supporto della comunicazione, sui nuovi canali offerti dal mondo digitale e globalizzato.

A proposito dei canali di finanziamento tradizionali, non contesto il fatto che venga attribuito un rating alle imprese; ho una formazione di tipo scientifico e riconosco il valore dei numeri oltre quello delle sensazioni. Il problema che vedo è che questi numeri sono spesso truccati: se il rating è influenzato dalla politica di sviluppo dell'Istituto, cosa c'entra l'impresa.

Di recente abbiamo abbandonato un istituto di credito con una storia centenaria perché, nonostante presso tutti gli altri istituti con i quali l'azienda lavora fossimo più che affidabili, anzi portati ad esempio di buona gestione, su questo istituto risultavamo ancora stranamente inaffidabili. Non deve meravigliare se poi questo istituto è quello che ha prestato senza garanzie miliardi di euro, non migliaia o decine di migliaia, a imprenditori amici che poi, in amicizia, si sono ben visti dal restituire il prestito.

Ma per tornare a noi, per quanto riguarda il concetto del guardare agli sviluppi futuri dell'azienda, se l'imprenditore continua a fare l'operaio specializzato è ben difficile che abbia il tempo, le energie e la mentalità giusta per alzare lo sguardo. Spesso nel corso di questo libro ho fatto parallelismi tra la gestione di un'azienda e la gestione di una Squadra di calcio. Gli esempi sono facilmente comprensibili perché tutti quanti siamo commissari tecnici della Nazionale.

L'imprenditore non deve essere il migliore giocatore della Squadra ma l'allenatore che, nella mentalità anglosassone, diventa anche il General Manager della società. È colui che non si preoccupa soltanto del fatto che la Squadra sia ben disposta in campo, per questo c'è anche l'allenatore in seconda, ma è colui che delinea i tratti dello sviluppo della Squadra e pianifica gli scambi dei giocatori.

È colui che motiva la Squadra, che litiga con il proprietario della Squadra per poter avere a disposizione il budget giusto per potenziarla, è colui che farà in modo di avere un'ottima organizzazione di gioco. La domanda che vorrei farvi è questa: preferireste essere alla testa di una Squadra di campioni con un buon modulo di gioco o preferireste che fosse costituita di giocatori normali con uno spettacolare modulo di gioco?

La mia risposta già la immaginate. Il fatto di avere un ottimo modulo di gioco che si adatta ad essere seguito anche da giocatori "normali", modulo che garantisce comunque l'ottenimento di risultati, non esclude che si possono prendere in Squadra i campioni. Anzi la buona abitudine di utilizzare giocatori normali all'interno di uno spettacolare modulo di gioco rischia spesso, per fortuna, di trasformare questi giocatori normali in campioni.

Infatti, a mio parere, la continuità aziendale non è data dei fenomeni ma è data dalle persone normali e dall'organizzazione; quando prima dicevo che il mio obiettivo è quello di rendermi inutile alla mia impresa, mi riferivo anche a questo.

Pertanto, tutti i giocatori devono essere funzionali al modulo di gioco e partecipare ai risultati della Squadra. Tutti, ciascuno secondo il proprio ruolo e potenzialità, contribuiscono al risultato dell'Azienda. L'errore, tuttavia, non deve essere quello di considerare che tutte le persone hanno lo stesso ruolo, che hanno lo stesso "valore", perché si creerebbero delle false aspettative che non corrisponderebbero alla verità.

Dire che soldati e generali mangiano allo stesso tavolo non significa affermare che il soldato non deve riconoscere il ruolo e l'autorità del generale, le gerarchie e l'organizzazione sono importanti all'interno dell'impresa. Significa piuttosto dire che soldati e generali devono avere la possibilità di parlare e di conoscere ciascuno le aspettative e il punto di vista dell'altro.

Significa dire che l'azienda deve, per quanto possibile, avere un'organizzazione il più possibile piatta, evitando troppi ruoli intermedi che spesso complicano le comunicazioni e ingessano l'impresa, che rimane agganciata agli ambiti di autonomia del singolo capetto.

Un'organizzazione efficiente, snella, è invece un'organizzazione flessibile, nella quale ci sono confini chiari nelle funzioni ma dove, all'interfaccia, può esserci quella naturale osmosi di ruolo che facilita i rapporti, rende più facile il passaggio del testimone, ed evita che questo (è mio, è vostro) cada per terra.

Soprattutto, deve essere sempre chiaro che i soldati hanno interesse a che i generali siano ben supportati, in modo da prendere buone decisioni, e i generali hanno interesse a che i soldati siano correttamente nutriti, perché siano forti, siano in rapporti corretti tra di loro e diano tutti in maniera naturale il massimo contributo all'azienda.

Fondamentale all'interno dell'azienda, l'ho accennato, è il concetto di innovazione continua; dei processi, del prodotto, dell'organizzazione. Un'analisi costante del posizionamento dell'azienda nel mercato di riferimento o in altri mercati. Mi piace pensare che l'azienda debba impegnarsi a non prendere gol e, il più possibile, a farne di gol.

Le imprese sono attente a tutelarsi attraverso una serie di strumenti che sono quelli che tutti conosciamo: la contabilità, l'ufficio del personale, io aggiungo il controllo di gestione.

Perché per non prendere gol bisogna conoscere esattamente la nostra impresa e sapere in ogni momento da dove nascono i costi, chi contribuisce o meno in termini di reparto e di processi, e conoscere le leve che consentono di cambiare le logiche di funzionamento dell'azienda.

Controllo di gestione, contabilità analitica, centri di costo e di ricavo, sono tutti concetti ormai assodati all'interno delle aziende e che, anche nella nostra, sono di fondamentale importanza. Sapere che un reparto produttivo ha un costo orario diverso rispetto a un altro significa far "pagare" quel costo maggiore ai prodotti che usufruiranno di quel processo.

Viceversa, il rischio sarebbe quello di caricare costi su prodotti che dovrebbero costare meno e di vendere sottocosto prodotti che invece dovrebbero essere più costosi. La conoscenza dei principi di funzionamento dell'azienda peraltro non deve limitarsi all'ufficio contabilità o al controller: è invece di fondamentale importanza che tutte le persone coinvolte nell'azienda, compresi gli addetti alla produzione, sappiano, o quantomeno percepiscano, il valore e il costo di certe operazioni e delle loro azioni.

Lo stesso ufficio tecnico che, tipicamente, deve fare ottimi prodotti, deve riconoscere il fatto che un prodotto è ottimo quando oltre a rispondere ai requisiti del Cliente, e magari andare oltre le sue aspettative, risponde ai bisogni impliciti dell'azienda che sono il principio di economicità. Sprecare risorse sarebbe infatti sbagliato perché oltre a rinunciare al giusto guadagno, l'azienda non avrebbe la possibilità di disporre delle risorse necessarie agli investimenti, allo sviluppo e a rendere merito degli sforzi fatti dalle persone.

Gli addetti alla produzione che conoscono il valore di un'operazione diventano premessa fondamentale affinché le persone si impegnino nel suo miglioramento. Messa a posto la difesa, per vincere occorre mettere la palla in rete, e per questo occorre un ottimo reparto di attacco.

Qualcuno potrebbe rispondere che il reparto di attacco è l'ufficio aziendale preposto alla vendita dei prodotti, il commerciale.

Secondo il mio parere questa visione sarebbe un po' limitativa in quanto, nella mia accezione, il reparto commerciale è sicuramente necessario, insieme al marketing, per poter posizionare il prodotto e venderlo, ma l'elemento che nella nostra visione dell'azienda diventa fondamentale per vincere i campionati, e non le singole partite, è l'Innovazione.

È ciò che fa la differenza quando la mattina si “apre bottega”: non si punta esclusivamente a sopravvivere ma a vivere alla grande. Non ci si riesce sempre, e talvolta si fallisce miseramente ma, nella nostra visione, questo è quanto ci aspettiamo di fare dopo tutti gli sforzi che abbiamo messo in campo per fare quello che facciamo. La nostra azienda sfrutta una serie di brevetti, nazionali ed internazionali e si fonda sull'innovazione di prodotto che di fatto ci ha permesso di essere conosciuti oltre i confini locali ai quali sono destinati le piccole aziende come la nostra.

Anzi, il nostro mercato è ben lontano dalle nostre colline. Questo perché il prodotto, e l'innovazione che lo ha generato, ha consentito di prospettare al Cliente un vantaggio (ricordate il nostro quinto valore, quello di apportare valore al cliente?) che noi ogni giorno siamo impegnati a migliorare.

L'innovazione rappresenta il motore della nostra impresa. Talvolta dico che saremo sempre degli “startupper”, volendo con questo significare che per noi l'Azienda sarà sempre in un momento di cambiamento e di evoluzione; non vediamo l'Azienda come qualcosa di statico che parte da uno sforzo iniziale e che poi si adagia sul risultato raggiunto ma il risultato raggiunto è il campo base dal quale noi partiamo per puntare alla vetta. Innovazione di cui parleremo nei prossimi capitoli.

Capita anche di perdere

E a volte capita anche di perdere. Penso che la sconfitta, come il fallimento, non sia qualcosa di negativo in assoluto, se da quella sconfitta e da quel fallimento si trae il giusto insegnamento.

In Italia, per il vulgo comune, fallire significa essere dei falliti, nella cultura anglosassone il fallimento, lungi dall'essere una medaglia d'onore, comunque è un elemento importante nella crescita di un imprenditore e di una classe dirigente. Ai fini dell'accesso al credito, un sistema certamente meno "borbonico" rispetto al nostro, l'avere una qualche esperienza, anche negativa, alle spalle, rappresenta un qualcosa in più rispetto al non avere esperienze.

A noi, ad esempio, è capitato di avere un problema con un Cliente che lamentava la scarsa qualità di una fornitura di prodotti. Io che sono la voce del Cliente all'interno della nostra Azienda, ho subito posto il problema nella sua gravità, perché in questi casi è necessario dare al Cliente una risposta rapida, risolutiva, e rassicurante.

Il problema abbiamo verificato essere attribuibile ad una materia prima che noi utilizziamo. Pertanto, il problema sembrava in qualche maniera definito. Sostituiamo la materia prima e il problema sarà risolto. Ma avremmo peccato di superficialità perché quella materia prima è acquistata, utilizzata e controllata da uomini.

Così, per crescere come azienda, non ci siamo limitati solamente a cambiare la materia prima, ma siamo intervenuti sulla formazione delle persone destinate a controllare quella materia prima e di quelle destinate all'utilizzo della materia prima. E tutto questo è stato riportato in una procedura aziendale di quelle che si leggono in 10 secondi e che specifica esattamente il nuovo modo di operare dell'azienda.

Quella cicatrice ci sarà sempre ma l'Azienda ha operato perché non ce ne siano altre di simili. Il lavoro corretto è quello di estendere la procedura a tutte le situazioni analoghe e quindi al processo di acquisto anche di altri prodotti o di utilizzo degli altri prodotti.

Un'unica stella polare

Giunti al termine di questo capitolo, dove abbiamo parlato di quello che ci ispira, del nostro obiettivo massimo, delle nostre norme di comportamento, di come trattiamo le persone, voglio concludere dicendo che tutto quello che facciamo lo facciamo per migliorare l'esperienza di acquisto dei nostri Clienti.

La nostra mission è appunto "rivoluzionare l'industria degli imbottiti e offrire al cliente un'esperienza di acquisto unica e straordinaria." Che vada oltre le proprie aspettative. E così le persone, le attrezzature, le procedure, i materiali, la filosofia che ci ispira e le relazioni che gestiamo sono tutte volte ad anticipare e superare le aspettative del Cliente.

La nostra Azienda, se fosse un'auto, sarebbe sicuramente una di quelle a trazione integrale; il moto sulle ruote anteriori è quello indotto dal cliente che ci ispira e ci sollecita costantemente a migliorare i prodotti e a offrire qualcosa di migliore. Il moto sulle ruote posteriori è quello dell'Azienda che autonomamente spinge sul pedale dell'innovazione e della propositività al mercato per cercare di anticipare quei bisogni e quelle esigenze. O quantomeno per farsi trovare pronta al momento in cui quelle esigenze emergeranno.

Ma l'esempio dell'auto a trazione integrale serve anche ad affermare che se la trazione da parte del cliente e la spinta da parte dell'Azienda sono coordinate, l'Azienda è più stabile e riesce con una adeguata facilità anche a superare piccoli errori di guida o ad affrontare un terreno a volte più scivoloso del solito. Tutte le grandi innovazioni nel passato e quelle attuali rispondono ai bisogni delle persone.

Oggi, è facile riconoscere l'utilità del telefono; ma al tempo un cui Bell lo inventò qualcuno disse che non sarebbe stato utile, che il telegrafo era adeguato alle esigenze. E così può capitare che le azioni odierne siano incomprese all'inizio perché chi le propone va oltre la conoscenza attuale del mercato, il quale deve avere il tempo per comprenderne il valore.

È la sfida che hanno affrontato e vinto, per fortuna, i grandi innovatori del passato. Nel nostro piccolo, credo che tutti quanti dovremmo cercare di essere mossi dallo stesso spirito: i bisogni del mercato, le esigenze vere delle persone che le aiutano a vivere meglio, a vivere in maniera più facile e consentono di evitare i problemi, mettendo ai primi posti le tematiche ambientali che in un prossimo futuro potrebbero essere di vitale importanza per tutti. È ciò di cui vi parlerò nei prossimi capitoli.

Capitolo 5
Vi presento il Polimex®

Nel precedente capitolo vi ho presentato Superevo®, ho parlato di mission e di valori e degli ambiti della gestione ai quali l'azienda ha rivolto da tempo la propria attenzione: l'efficientamento dei processi, il miglioramento dell'esperienza offerta e, in ultimo, superare le aspettative del cliente.

Sono state queste le linee guida che hanno indirizzato i nostri processi di innovazione del prodotto; la necessità di semplificare i processi, e di renderli il più possibile automatizzati, il fatto di standardizzare le procedure di lavorazione e di renderle sempre più indipendenti dall'apporto diretto e contingente degli operatori, ci portano ogni giorno a riflettere sulla necessità di migliorare i nostri processi produttivi al fine di rendere raggiungibile l'obiettivo detto che, ripetiamo, è di fondamentale importanza ai fini della sviluppo dell'azienda e della sua possibile scalabilità.

Le nostre riflessioni e confronti interni ci suggeriscono le possibili evoluzioni della nostra tecnologia produttiva per renderla adatta ad essere automatizzata su scala industriale e, pertanto, a rispondere in maniera sempre più efficace agli obiettivi descritti nel precedente capitolo.

La rivoluzione del Polimex®

Nel corso di uno dei capitoli precedenti vi ho parlato di come è nato e si è sviluppato il Polimex®, il nostro materiale esclusivo. In questo capitolo riprenderò l'argomento per approfondire la sua conoscenza, metterlo a confronto con le tecnologie tradizionali di costruzione dei mobili imbottiti e per evidenziare le reali caratteristiche che lo differenziano da queste.

Rispetto alle modalità costruttive tradizionali, la tecnologia Polimex®:

1. Consente di ottenere prodotti caratterizzati da una grande leggerezza;

2. Richiede un intervento limitato o assente, nella fase di sviluppo, da parte del Cliente;

3. Accorcia enormemente i tempi di sviluppo del prodotto (quello che tradizionalmente avviene nel corso di alcuni mesi, con il Polimex® è possibile nel giro di 1-2 settimane);

4. Evita l'investimento in complesse e costose attrezzature di produzione;

5. Una volta sviluppato, il prodotto è pronto per essere realizzato in serie;

6. Permette di customizzare il prodotto con relativa semplicità;

7. Consente di ridurre notevolmente l'impatto ambientale della produzione e del prodotto rispetto alle modalità tradizionali (argomento sul quale tornerò approfonditamente più avanti).

E inoltre:

8. Consente di semplificare la geometria della struttura portante del mobile imbottito;

9. Garantisce la perfetta ripetibilità del prodotto finito in termini dimensionali e geometrici (risultato possibile tra i metodi tradizionali solo col ricorso a stampi);

10. Semplifica enormemente il lavoro di imbottitura e di "messa in bianco".

Il Polimex® consente pertanto di superare i problemi posti dai metodi tradizionali di costruzione degli imbottiti, con i quali:

1. È necessario un grande impegno progettuale da parte del personale tecnico delle aziende Clienti (disegno dei particolari, dettagli costruttivi, soluzioni tecniche, ecc.); con il Polimex® i grandi tecnici con i quali collaboriamo quotidianamente possono concentrarsi sulla gestione del rapporto con il designer e sugli aspetti del prodotto che riguardano espressamente il loro Cliente (la gradevolezza delle forme, il comfort richiesto) ma, una volta messoci a disposizione il disegno 3D del prodotto, al resto ci pensa Superevo®;

2. I tempi di realizzazione di un manufatto sono lunghi e c'è bisogno di un costante intervento dei tecnici del Cliente per giungere a costruire il prodotto; come detto al punto precedente il tecnico, una volta inviato il 3D del prodotto, deve solamente attendere la consegna del prototipo, che di norma avviene entro 7/10 giorni dall'ordine;

3. Non c'è mai una perfetta corrispondenza tra il disegno del prodotto e il prodotto stesso; con il Polimex®, come nella stampa 3D, il prodotto corrisponde esattamente al disegno;

4. Una volta realizzato il prototipo è necessario industrializzare il prodotto e dovranno trascorrere ancora settimane, se non mesi a volte, perché questa fase sia completata; con il Polimex®, una volta realizzato il prototipo, tutto è pronto per la produzione in serie del prodotto (linea produttiva, quotazione per la produzione in serie, ecc.). Tale processo è iterativo in occasione di ogni modifica al prodotto. In questo modo si accorciano i tempi e il cliente ha immediatamente a disposizione tutte le informazioni di cui necessita.

La figura mostra un esempio di struttura portante di imbottito progettata secondo la tecnologia Polimex®.

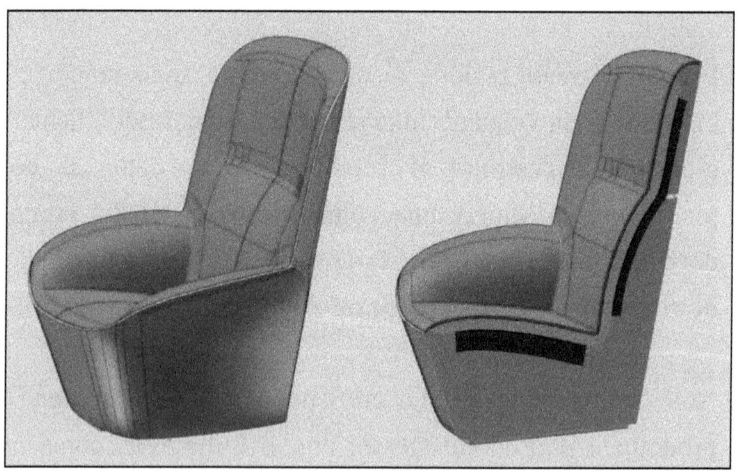

Che cosa distingue il Polimex® da un normale schiumato a freddo?

Volendo approfondire quanto anticipato al paragrafo precedente, rispetto ad un normale imbottito ottenuto dal processo di schiumatura a freddo, il Polimex® presenta nuove e importanti caratteristiche tra le quali:

1. Non necessita di realizzare uno stampo né costose attrezzature di produzione in quanto il prodotto, in tutte le sue fasi, al pari di quanto avviene nelle stampa 3D, è ottenuto su speciali centri di lavoro;

2. La possibilità di evitare il ricorso allo stampo consente da un lato di abbattere enormemente il tempo di sviluppo dei prodotti e, dall'altro, di poter "sbagliare e correggere" il prodotto in qualsiasi fase della sua vita;

3. Il prodotto è più leggero fino al 50-60% rispetto ad uno schiumato a freddo;

4. Permette di creare un comfort "su misura" del prodotto e del Cliente (amo ripetere che lo stesso identico prodotto realizzato da due aziende diversa potrebbe dare origine, dal punto di vista del comfort, a due prodotti molto diversi);

5. Il prodotto è virtualmente customizzatile a seconda delle esigenze del Cliente in quanto, non essendo presente lo stampo, le modifiche possono essere rapide ed efficaci;

6. Il prodotto risulta infine, come detto, e questa ritengo sia la caratteristica che lo differenzia maggiormente dai prodotti schiumati a freddo, eco-sostenibile. Su quest'ultima caratteristica torneremo più avanti nel corso di questo capitolo.

Un'opportunità per il cliente

Le caratteristiche distintive del Polimex® rispetto allo schiumato a freddo, offrono al Cliente interessanti prospettive di sviluppo e di comunicazione ai propri clienti.

Di solito spiego questo aspetto con un esempio: da un punto di vista tecnico e produttivo il cemento-amianto, anche conosciuto come "eternit", era un prodotto di grande qualità perché oltre ad avere ottime caratteristiche meccaniche, grande resistenza all'usura e una eccellente capacità di isolamento termico, ormai era un prodotto "maturo".

Insomma, appariva il materiale perfetto. L'unico problema era che le sue fibre uccidevano le persone; per questo da anni è stato bandito dal mercato.

La domanda alla quale rispondere è: se la normativa lo consentisse, conoscendo queste caratteristiche del cemento-amianto, chi di voi lo utilizzerebbe oggi per ricoprire la propria casa o l'immobile della propria azienda? Sento il coro dei no.

L'impatto sulla nostra salute dei problemi che affliggono l'ambiente non è inferiore rispetto a quello che avrebbe oggi il cemento-amianto; il solo motivo per il quale trascuriamo questi problemi, seppure siano già presenti in tutta la loro drammaticità, è perché li percepiamo erroneamente lontani nel tempo.

Si comprende quindi il paradosso di accettare che manufatti, spesso di grande valore, a fine ciclo di vita possano essere destinati allo smaltimento in discarica dove rimarranno per centinaia di anni. Questo credo sia diventato assolutamente inaccettabile. Inoltre, le materie prime utilizzate, altro elemento che incide molto sull'impatto ambientale del prodotto durante il suo ciclo di vita, dovremo pensare di sostituirle gradualmente con materiali "riciclati o recuperati".

Il Polimex® rappresenta, da questo punto di vista, una soluzione irrinunciabile per il futuro e un'opportunità di comunicazione al mercato e di sviluppo completamente nuove. Con il Polimex® è possibile, nel giro di 7/10 giorni, passare dal disegno 3D del prodotto a disporre del prodotto stesso che, a quel punto, è pronto per essere realizzato in serie.

Siamo costantemente impegnati nel miglioramento dei processi in modo da garantire performance produttive e gestionali sempre più all'avanguardia; noi, i nostri dipendenti e i nostri partner lavoriamo ogni giorno con l'obiettivo di costruire qualcosa di importante e che superi le aspettative del Cliente. Il cammino che ci aspetta è sicuramente sfidante, ma siamo fortemente focalizzati ad affrontarlo.

Il senso dell'autoefficacia

Rispetto ai problemi che giornalmente si presentano nella gestione dell'Azienda, in virtù del fatto che la tecnologia è nuova e che non esistono realtà che l'abbiano adottata prima di noi, siamo obbligati a ricercare le soluzioni al nostro interno senza poterci ispirare a quello che altre aziende nel nostro settore hanno fatto.

Spesso ci piace invece ispirarci a soluzioni adottate in settori anche molto diversi dal nostro anche se non sempre è possibile. In ogni caso, l'Azienda mostra sempre di più una grande determinazione nell'affrontare questi problemi, determinazione che nel corso degli anni è diventata fiducia nel fatto che, in qualche modo, riusciremo a trovare un modo nuovo e facile di affrontare e risolvere i problemi. I grandi imprenditori parlano di “senso di autoefficacia”.

In una prima fase della vita di Superevo®, con tutti i problemi contingenti di cui ho diffusamente parlato nel capitolo 3, avrei avuto sicuramente difficoltà a comprendere il concetto, perché non sarei riuscito a capire come si potesse essere intimamente convinti di giungere alla soluzione di problemi apparentemente irrisolvibili.

Ma via via che l'organizzazione si è formata e i ruoli si sono definiti, è stato giorno dopo giorno sempre più chiaro che, di fronte alle difficoltà che si presentavano, non ero più da solo e sono diventato in qualche maniera sicuro del fatto che saremmo riusciti a venirne fuori. Non è una semplice convinzione: è piuttosto la consapevolezza che la nostra Squadra, i nostri partner e io stesso, con i risultati nel frattempo raggiunti, se la volontà di arrivare a capo del problema è abbastanza forte, ci riusciremo.

Magari la soluzione non sarà quella che avevamo in mente all’inizio, magari dovremo andare a cercarci altri interlocutori e altre strade, magari dovremo pensare al problema in termini diversi, ma alla fine giungeremo al risultato finale.

Non è la trasposizione moderna de "il fine giustifica i mezzi" quanto, più banalmente, la riaffermazione del principio del "sii esigente sul risultato e flessibile sulla strategia per ottenerlo". Questo tipo di atteggiamento, se curato nella maniera giusta, e non confuso con un generico e superficiale "in qualche maniera ce la caveremo", è un elemento che può diventare parte della cultura aziendale e, se procedurizzato a dovere, rappresentare esso stesso un asset dell'Azienda.

Nella complessità del mercato, nel contesto nel quale l'Azienda si trova ad operare oggi e nel prossimo futuro, ritengo questo asset molto più importante di quelli tradizionalmente considerati ai fini del bilancio e anzi strategico.

Un impegno assoluto: guardare all'ambiente

Tutto ciò di cui vi ho parlato in questo libro sarebbe in fondo solo un modo diverso di affrontare e risolvere i problemi dei Clienti se non fosse che invece vuole rispondere a quella che ritengo sia, lo ripeto, la sfida più importante che la Società e noi imprenditori saremo chiamati ad affrontare: la salvaguardia e la tutela dell'ambiente in cui viviamo.

Gli ultimi due secoli, l'ultimo in particolare, con l'esplosione demografica e lo sfruttamento intensivo delle risorse, hanno deteriorato il nostro ecosistema come mai prima era successo. Parlare del bello, parlare di rivoluzioni tecnologiche, essere proiettati nel futuro senza tenere di conto di questo "vincolo" significherebbe essere contro la storia. Lo sanno i giovani, anche se apparentemente disinteressati al problema, per la cultura nella quale sono nati e cresciuti, ne siamo coscienti noi non più giovanissimi (ma con un grande avvenire), che ogni giorno subiamo il problema (l'effetto serra, le ztl, ecc.), ne sono consapevoli tutte le menti attive e gli opinion maker: non possiamo più voltarci dall'altra parte.

Da un'indagine svolta qualche mese fa nel nostro mercato di riferimento è emerso che quello della sostenibilità ambientale, ben lungi dall'essere sottovalutato, è un problema di fronte al quale non esistono soluzioni a portata di mano e quindi, per quanto possibile, è un problema "rimandato".

Nel mondo dell'arredamento esistono normative, spesso a livello locale, dettate il più delle volte da logiche di protezionismo commerciale più che da una reale, integrata e chiara strategia di salvaguardia dell'ambiente: non esiste una normativa globale che, considerando il problema nella sua interezza, cerchi di uniformare i comportamenti a livello mondiale.

Ritengo, invece, che si debba incamminarci su questa strada e lanciare la sfida affinché, come sempre succede, la competizione migliori l'offerta al Cliente. Noi di Superevo® abbiamo fin dall'inizio pensato che il nostro materiale, il Polimex®, dovesse avere caratteristiche che lo rendessero interessante anche dal punto di vista della sostenibilità.

Minore utilizzo di materia, di energia, di rifiuti; quando si inizia "a sottrarre" è naturale attendersi che l'impatto, l'impronta ambientale, siano inferiori rispetto a quelli di prodotti analoghi realizzati con tecnologie tradizionali.

Per dare maggiore affidabilità al nostro credo, stiamo concludendo, insieme ad uno spin-off di Enea, un'analisi di LCA-Life Cycle Assessment, metodologia di analisi in forte espansione sia a livello nazionale che internazionale, grazie al suo approccio innovativo.

Il LCA (Valutazione del Ciclo di Vita) rappresenta infatti uno strumento fondamentale per l'attuazione di una politica di produzione più virtuosa.

Si tratta di un metodo oggettivo di valutazione e quantificazione dei carichi energetici ed ambientali e degli impatti potenziali associati ad una specifica produzione industriale lungo l'intero ciclo di vita, dall'acquisizione delle materie prime fino al fine vita del prodotto.

L'applicazione di tale metodologia può risultare onerosa per una piccola azienda come la nostra (sia in termini di tempo che in termini economici), ma siamo convinti che i risultati ci daranno ragione e che ci stiamo muovendo nella giusta direzione. Anzi nell'unica direzione possibile per migliorare i processi produttivi e pianificare strategicamente i futuri investimenti aziendali.

Oltre a fotografare la situazione attuale, l'analisi consentirà di misurarci e agire sui punti critici da migliorare, in modo da ridurre ulteriormente il nostro impatto ambientale agendo, ad esempio, sulle seguenti direttrici principali:

1. Utilizzo, per la produzione, di fonti di energia rinnovabili;

2. Razionalizzazione delle attività di trasporto e di logistica;

3. Utilizzo di materie prime riciclate e da post consumo che, progressivamente stanno comparendo sul mercato;

4. A fine ciclo di vita, avviamento dei prodotti ad un processo di recupero che consenta di realizzare nuovamente gli stessi prodotti.

Questi sono gli interventi sui quali Superevo® concentrerà i propri sforzi e investirà le proprie risorse nei prossimi anni per migliorare ulteriormente la prestazione ambientale del Polimex®.

I temi dell'utilizzo dei materiali da post consumo e del riciclo dei prodotti a fine ciclo di vita sono intimamente connessi. La possibilità di riciclare i nostri prodotti è di per sé premessa per poter trovare sul mercato prodotti ottenuti dal riciclo. Per quanto riguarda il polistirene, questo appartiene ad un ambito industriale molto evoluto dal punto di vista del recupero e del riciclo.

Il poliuretano, l'altra nostra principale materia prima, è oggetto di un'importante attività di ricerca da parte dei più importanti fornitori della materia (le grandi multinazionali) che già oggi stanno sperimentando le tecnologie di recupero su materassi, pneumatici e prodotti simili.

Ma ciò che renderà i nostri materiali per larga parte riciclabili sarà la possibilità di poterli suddividere nelle loro parti componenti in maniera industriale e, parola magica, economica. La possibilità, pertanto, per i nostri prodotti, a fine ciclo di vita, di essere separati e successivamente sottoposti a processi di riduzione pirolitica, consentirà in prospettiva di ottenere le originarie materie prime che potranno essere nuovamente utilizzate per la realizzazione di nuovi prodotti.

Nel settore questo approccio viene chiamato "economia circolare" e rappresenta il futuro a cui guarda l'industria impegnata nella salvaguardia dell'ambiente. Superevo® sta già collaborando da tempo con importanti aziende nazionali ed estere con l'obiettivo di giungere, entro 5 anni, a rendere disponibili ai propri Clienti queste tecnologie che saranno applicabili a tutti gli articoli prodotti da parte dell'Azienda, anche a quelli già realizzati e venduti.

Ripeto, la garanzia del che cosa e del quando è il fatto di essere connessi al lavoro più ampio che i settori di utilizzo delle nostre materie prime hanno avviato da anni.

Quanto sopra detto pone le basi affinché, in qualsiasi parte del mondo il prodotto realizzato in Polimex® si trovi a fine ciclo di vita, possa essere effettivamente avviato alla catena del recupero e riciclo invece che in discarica, come gli imbottiti schiumati a freddo o tradizionali. Un bel passo avanti.

Questa nuova prospettiva sarà vincente nei confronti di un mercato in generale, e di un mercato alto di gamma nello specifico, che, come sta avvenendo in altri settori, privilegerà i prodotti rispettosi dell'ambiente. Questa tecnologia di recupero potrà essere adottata indifferentemente sul Polimex®.

E andando oltre questo obiettivo, l'Azienda guarda per il futuro a ridurre ulteriormente l'impatto ambientale dei propri prodotti attraverso azioni mirate cosiddette "climate neutral" attraverso la partecipazione a progetti che catturano e conservano la CO2.

I progetti innovativi sui quali siamo impegnati

La necessità di semplificare ulteriormente i processi, di renderli il più possibile automatizzati, di standardizzare le procedure di lavorazione e di renderle sempre più indipendenti dall'apporto diretto e contingente degli operatori, ci hanno portato a riflettere sulla necessità di intervenire sui nostri processi produttivi.

Le nostre analisi ci hanno suggerito di concentrarci su di una evoluzione futura della tecnologia produttiva che, integrando la stessa, permetta di ottenere gli stessi risultati a livello di leggerezza, adattabilità, velocità di sviluppo ed eco sostenibilità ma, al contempo, si presenti come una tecnologia adatta ad essere automatizzata su scala industriale e, pertanto, rispondere agli obiettivi descritti nel precedente capitolo.

Si tratta di una tecnologia ancora in fase di messa a punto e che a breve potrebbe rappresentare una ulteriore innovazione nel settore degli imbottiti; si chiamerà 3DF®.

Le linee di indirizzo sulle quali siamo impegnati sono:

1. La semplificazione della geometria della struttura portante del mobile imbottito;

2. La possibilità di ridurre o eliminare del tutto una serie di fasi produttive attuali;

3. La limitazione degli interventi da parte degli operatori i quali, come detto nel precedente capitolo, potranno concentrarsi su attività di controllo e di miglioramento dei processi più che di esecuzione di lavorazioni dirette;

4. Una maggiore industrializzazione e scalabilità della produzione affinché possa essere demandata alle macchine;

5. L'ulteriore miglioramento della ripetibilità del prodotto finito in termini dimensionali e geometrici;

6. La riduzione e la riqualificazione dell'intervento da parte di fornitori esterni contenendo il tempo di "attraversamento" in produzione e abbattendo ulteriormente l'impatto ambientale del prodotto.

L'unico giudice

Quando facciamo affermazioni del tipo "nel futuro sarà importante fare questo", "nel futuro dovremo fare attenzione a quello", spesso trattiamo di aspetti che già oggi dovremmo mettere in pratica e che invece rimandiamo ad una data imprecisata di domani.

Credo fermamente che nel futuro migliorerà la qualità della nostra vita e, appena ci metteremo mano con serietà, anche la qualità del nostro mondo. Sono contrario a coloro che affermano che "più che andiamo avanti e più che il mondo peggiora" perché secondo me sono affermazioni false o miopi: per quanto il mondo possa apparire imperfetto, sicuramente è meno ingiusto e meno duro di quanto non lo fosse 200, 100 o anche solamente 50 anni fa.

E penso che questo miglioramento dipenda unicamente dall'uomo che con tutti i suoi errori, ha da sempre trovato la maniera di guardare avanti.

Oggi migliorare il mondo, insieme alla lotta contro le malattie, contro la povertà, contro le disuguaglianze ha un nome e si chiama “sostenibilità”, sostenibilità a tutti i livelli.

Utilizzare meno risorse è sostenibile da un punto di vista ambientale ed economico. Evitare uno spreco, fare una scelta progettuale, riprogettare i posti di lavoro, tutto deve essere votato a migliorare la nostra vita, quella delle persone intorno a noi e del mondo che ci circonda.

Minori rifiuti, minore inquinamento, minore fatica, minore stress, meno di tutto. Less is more.

Capitolo 6
Quel bisogno di crescere

Nei capitoli precedenti vi ho parlato di Superevo®, la società di cui sono fondatore e amministratore, e ho cercato di illustrare i principi ai quali si è ispirata fino ad oggi la sua gestione. Si tratta di principi generali che prevedo saranno validi anche nel futuro.

Il ruolo centrale del team, lo sguardo rivolto al Cliente, la tensione costante al miglioramento continuo e il guardarsi intorno sono principi o valori, come li ho chiamati, che fanno parte prima di tutto di noi come persone ed è normale che si ritrovino appieno nel prodotto dei nostri sforzi.

Abbiamo già accennato a quella sorta di pazzia che, specie in Italia, assale in un certo momento le persone che si mettono in mente di fondare una nuova società. Io ho definito queste persone "pazzi scatenati" e, dopo un paio di capitoli, non mi viene in mente una definizione migliore. Ma ho già detto che è proprio per questi pazzi scatenati, con i loro successi e loro tanti fallimenti, che l'uomo evolve e il mondo si apre a nuove prospettive.

In questo capitolo, e in preparazione del prossimo, voglio invece parlarvi di quelli che, a livello organizzativo e gestionale, sono gli elementi sui quali la nostra azienda sta lavorando e che, nelle aspettative, dovrebbero condurci a creare la Superevo® di domani. Riprendendo il concetto di pazzia, la volontà di investire ancora di più su sé stessi e sulle proprie capacità, su quella che qualcuno definirebbe “fede” anche se la nostra ha qualcosa di più "scientifico”, richiede un livello di pazzia ancora maggiore.

Chi ce lo fa fare nell'Italia di oggi, con le leggi e i paradigmi che la fanno da padroni come quello del diritto al lavoro, e non del dovere all'impegno, come quello del diritto alla salute, e non quella del dovere a salvaguardare la propria, come quello dell'imprenditore che se ha successo sicuramente avrà qualcosa da nascondere, e non che se ha successo è perché ci ha saputo fare, di quella secondo la quale siamo tutti liberisti con i soldi degli altri e comunisti con i nostri, chi ce lo fa fare appunto di investire ulteriormente in noi stessi? E di credere in questo paese?

Ritorna in ballo quella che a questo punto definirei fiducia nel fatto che il mondo, per quanto alcuni si impegnino ogni giorno a renderlo un posto orribile, sicuramente evolverà in qualcosa di buono. Da parte nostra, stiamo lavorando su di una serie di aspetti che dovrebbero trasformare sempre di più la nostra Azienda da un'iniziativa riservata a pochi a una serie di asset ben riconoscibili per tanti.

L'imprenditore deve rendersi inutile

Il primo elemento, direi fondamentale, sul quale occorre lavorare, perché è da questo che tutto il resto discende, è il concetto secondo il quale l'imprenditore deve rendersi inutile alla propria impresa.

Ho già accennato a questo concetto e so che sto distruggendo un mito, quella dell'imprenditore supereroe che non solo lavora 24 ore al giorno, ma sa fare tutto e meglio dei suoi uomini e che ha in tasca ogni soluzione. Come detto penso che l'imprenditore debba ispirare l'azienda e infondergli la sua anima, che debba lavorare sull'azienda ma per il resto l'azienda, come un bambino, deve a poco a poco imparare a camminare da sola.

Quando la fondiamo, la nostra azienda non ha la conoscenza per poter vivere da sola. Cade di frequente e non sa come rialzarsi. A poco a poco comincia ad avere fiducia nei propri passi e a restare in equilibrio. L'azienda diventerà via via sempre più consapevole del fatto di esistere e l'imprenditore dovrà dargli le regole che gli serviranno ad orientarsi da sola nel piccolo mondo che la circonda.

Crescerà e comincerà a fare le proprie esperienze: l'imprenditore in questa fase dovrà tenerla sotto controllo da lontano e, se necessario, intervenire per correggere comportamenti sbagliati. Ma ad un certo punto l'azienda "si staccherà" e comincerà a fare l'azienda: è ormai diventata adulta.

L'imprenditore sarà sempre presente, per qualsiasi consiglio e per qualsiasi aiuto, ma l'azienda diventerà consapevole del fatto che non solo esiste ma che ha una propria autonomia, e l'imprenditore potrà compiacersi del fatto di aver creato qualcosa di vero, che sta in piedi da solo, e potrà dedicarsi a quello che gli piace. La tendenza italiana, quella dei bamboccioni che vivono in famiglia fino a 30 anni ed oltre, spesso la ritroviamo anche nelle imprese e l'imprenditore, come un genitore apprensivo, non riesce a staccarsi da loro.

Questo determina spesso il nanismo delle aziende o il fatto che, dopo magari 30 anni di lavoro, l'imprenditore fa più o meno le stesse cose di quando aveva iniziato a lavorare. Dentro Superevo® tutti sanno che il mio obiettivo è di rendere l'azienda indipendente dalla mia figura. Questo significa stabilire regole, controllarne l'applicazione, metterle a punto, incitare le persone a provare e a sbagliare e, quando serve, a correggerle anche pesantemente.

Ma significa anche dare spazi sempre maggiori di autonomia alle persone con lo strumento della delega. E delegare non significa passare un compito a qualcun altro ma incaricare una persona di svolgere una determinata funzione, all'inizio controllandola da vicino e poi sempre più saltuariamente fino a che la persona ha acquisito la competenza per poter operare in autonomia. È in quel momento che la delega diventa effettiva.

Il ruolo dell'imprenditore e la fiducia nel team sono due elementi imprescindibili e indivisibili. Nel nostro caso ci sono ruoli che sono in fase di delega da più di un anno; questo perché le persone che pure conoscono il mestiere, non hanno ancora acquisito la visione di insieme che gli occorre per poter portare efficacemente a termine il compito.

L'attività di preventivazione, che è molto complessa perché tiene conto di una serie di fattori che vanno dalla conoscenza nella struttura di costi dell'azienda fino a quella della processi produttivi e dei rapporti con i fornitori esterni, ha richiesto ad esempio più di un anno perché la persona incaricata, pure molto capace e sul pezzo, acquisisse la sensibilità necessaria a trattare o meno un prezzo oppure quella necessaria ad evidenziare immediatamente se una valutazione fosse corretta o palesemente sbagliata.

Ogni preventivo svolto in questo anno e oltre è stato da me personalmente controllato rilevando gli errori e facendo formazione. Credo che a breve la persona potrà dirsi davvero indipendente e il processo di delega sarà effettivo.

Automatizzare l'Azienda

Dice un detto che se sei un buon pasticcere non è detto che tu debba aprire una pasticceria. La differenza tra l'essere un buon pasticcere ed aprire una pasticceria è che nel secondo caso, devi diventare un imprenditore. L'imprenditore pasticcere non crea torte ma standardizza il processo, scrive la ricetta compresi i segreti che solo lui può sapere, e insegna a qualcun altro a fare torte al posto suo.

L'imprenditore pasticcere cucinerà torte per gli amici o quando vuole togliersi lo sfizio di crearne una, ma non lavorerà mai a realizzare le torte per i propri Clienti. Questo tipo di approccio, che mi rendo conto non essere immediato, richiede sforzo e richiede grande determinazione. In azienda c'è sempre da fare e sarebbe naturale, quando si trova un buco, mettersi in abiti da lavoro e dare una mano. Beh, non ci sarebbe niente di più sbagliato.

Poi può capitare anche che si presenti la situazione di emergenza nella quale invece un atteggiamento come quello descritto non soltanto è necessario ma è giusto dal punto di vista dell'azienda, perché trasmette il concetto che, quando c'è da sporcarsi le mani, tutti devono essere disponibili a farlo. Ma già il fatto che non ci sia nulla da fare per l'imprenditore può suggerire che non stia svolgendo appieno il proprio compito.

C'è sempre da fare qualcosa, il tempo non basta mai; perché quando non c'è da parlare con un Cliente, magari è necessario fare sviluppo commerciale verso nuovi clienti, o analizzare i conti per verificare che tutto sia in regola, o andare a presentarsi ad un nuovo istituto finanziario che potrebbe in futuro essere utile.

Un buon imprenditore, per la propria impresa, è come il comandante di una grande nave. Deve lavorare oggi per situazioni che si verificheranno nel futuro, deve agire sul timone in questo momento affinché la nave viri la rotta nelle prossime 10 miglia. Non farlo, o pensare che ci sia tempo per farlo, a volte può essere decisivo. Standardizzare i processi significa agire sulle 4 M:

1. I metodi, ovvero le procedure, che devono essere definite in dettaglio in modo tale che, indipendentemente da colui che le eseguirà, il risultato non cambi;

2. Gli uomini (men), ovvero fare in modo che siano definite le competenze e il grado di preparazione che devono possedere le persone destinate ad agire su quel processo;

3. I materiali, vale a dire le materie prime ma anche le lavorazioni di terzi che determinano il risultato desiderato;

4. Le macchine, vale a dire le impostazioni e le prestazioni delle macchine che servono a rendere ripetibile quel dato processo.

E lo scoglio più grande per agire sulla standardizzazione dei processi è proprio diventare consapevoli del fatto che i processi sono standardizzabili.

È questa la difficoltà più grande da superare perché gli altri elementi, le 4M, sono tecnicamente abbordabili da parte di chiunque; invece, quello che spesso manca è la volontà e, ecco che ritorna il termine, la perseveranza di affrontare i processi e di cercare di definirne le caratteristiche anche quando coloro che ci lavorano, continuano ad insistere sul fatto che non è possibile, non si può fare, nessuno lo ha mai fatto.

Nel nostro caso, ad esempio, avevamo un prodotto che, dopo anni di produzione, aveva negli ultimi tempi presentato alcuni problemi di ripetibilità. Abbiamo frammentato il processo di produzione in tutti i suoi elementi, le 4M citate e, per ciascuna di esse, negli elementi costitutivi più importanti, e siamo andati ad individuare il processo nel quale, in maniera del tutto casuale, le cose erano sempre andate nel verso giusto ma che, probabilmente, necessitava di essere tenuto sotto controllo.

Sono state costruite nuovi strumenti di controllo, è stata fatta formazione al personale ed è stato validato il nuovo processo di produzione. Il risultato è stato che la variabilità di produzione rilevata in fase di analisi del problema, è, non magicamente direi, scomparsa.

Non ci siamo fermati lì perché a questo punto lo stesso approccio è stato applicato a tutti i prodotti simili.

Un altro passo fondamentale da fare, forse il più difficile, è quello di semplificare i processi.

Ah, attenzione, quando si parla di standardizzazione o di semplificazione dei processi, la testa vola subito ai processi produttivi. Ma questo non rappresenterebbe in pieno l'entità del lavoro da fare perché la standardizzazione e la semplificazione di cui parliamo in questo paragrafo si devono applicare a tutti i processi aziendali, da quello di marketing a quello commerciale a quello di progettazione a quello di produzione a quello di vendita fino al processo finanziario. E fino ai processi di leadership che governano l'azienda (controllo di gestione, formazione, ecc.).

Ritornando sul punto da cui eravamo partiti, la semplificazione dei processi, scaturisce direi in maniera abbastanza naturale dall'atto dello standardizzare i processi; elemento importante per poter rendere un processo ripetibile è quello di andare ad eliminare tutta una serie di variabili, le 4M, che possono potenzialmente alterarne lo svolgimento.

Occorre andare a togliere pezzi interi dei processi, pezzi di processo che non danno valore aggiunto, e che per di più hanno un costo, e che rischiano spesso di apportare variabilità e difetti al processo stesso. L'atto del semplificare è forse più accettabile da un punto di vista mentale ma, da un punto di vista tecnico, è molto molto complesso. Non c'è niente di più difficile di rendere qualcosa semplice.

Perché semplificare, come standardizzare del resto, significa riprogettare il processo e andare a ripensare l'apporto che ciascuna fase, ogni attività, ha davvero sul risultato da ottenere. Semplificare il processo può talvolta significare trasformare attività svolte da uomini in attività svolte dalle macchine. Qualcuno a questo punto potrebbe eccepire sul ruolo dell'uomo che sarà sempre più relegato in posizioni marginali perché superato dall'intervento delle macchine. Questa affermazione non soltanto non è vera, ma è contraria alla storia dell'evoluzione industriale.

Trasferire alle macchine attività svolte dall'uomo significa trasferire la complessità a qualcosa che non ha sentimenti, non ha pensieri per la testa, è meccanico e quindi non sbaglia mai ad eseguire quell'operazione e la farà sempre nella stessa maniera.

Ma significa anche far evolvere il ruolo dell'uomo che non è più, come dicevo qualche capitolo fa, muscoli e sudore, ma che diventa sempre più razionalità e pensiero per verificare che la macchina svolga correttamente il proprio compito e impegnare le proprie energie mentali, non più soltanto fisiche, nel migliorare il processo e per renderlo quindi più congruente con le finalità, anche economiche, dell'azienda. Chi afferma che l'evoluzione è contraria all'uomo mi pare che abbia le idee confuse.

A livello di semplificazione e standardizzazione dei processi, potrei fare molti esempi ma mi limiterò a due. Il primo ha riguardato un cambiamento tecnico a seguito della rilevazione del fatto che, in fase di applicazione di un particolare plastico sulla struttura dei nostri prodotti, le punte metalliche di fissaggio rischiavano di criccare la superficie e causare un possibile danno al prodotto.

Questo tipo di problema determinava un grande stress agli operatori che, con grande difficoltà, e con scarsi risultati, riuscivano di rado a evitare le criccature di cui detto. L'innovazione è nata nell'ambito dei team scrum di cui accennato in precedenza; un operatore ha suggerito che potevamo sostituire i punti applicati a pressione con una tipologia diversa di punta metallica, utilizzata nella tecnologia del legno, un settore diverso dal nostro, che presentava una sezione molto più piccola e quindi potenzialmente adatta ad evitare le cricche.

L'azienda ha testato questa soluzione, dotandosi delle attrezzature necessarie e, con grande soddisfazione, è stato verificato che il problema è scomparso. Questo ha determinato una semplificazione del processo perché non è stato più necessario affidare lo stesso a personale super specializzato e anche le persone che lavoreranno al nuovo processo non avranno da fare particolare attenzione durante la fase operativa. Al contempo si è migliorata la qualità del prodotto.

Un altro esempio, attualmente in fase di attuazione, consiste nel trasferire una serie di attività svolte dagli operatori a robot antropomorfi. La nostra azienda ha esperienza di robot antropomorfi perché li utilizza in gran parte del processo produttivo. Ma il miglioramento di cui stiamo parlando, in sostanza l'attività di spruzzo manuale dei prodotti da affidare alle macchine, non era stato adottato in precedenza perché, per certe tipologie di prodotti, non avevamo ancora individuato macchinari idonei a sostituire l'uomo.

Del tutto casualmente, con la curiosità che ci contraddistingue, abbiamo trovato un macchinario che poteva fare al caso nostro utilizzato nella verniciatura delle etichette per il settore della moda. La macchina, una volta istruita da parte dell'operatore, è in grado di ripetere l’operazione appresa all'infinito.

Questo ci consentirà di standardizzare la produzione (ecco che ritorna questo concetto), di semplificarla perché comunque l'operatore non avrà la difficoltà di lavorare per ore in un ambiente, comunque protetto, ma comunque non ottimale, e potrà al contempo mettere al servizio dell'azienda la propria professionalità istruendo il robot e controllando, in produzione, l’eventuale variabilità qualitativa del prodotto, intervenendo al bisogno.

Nel capitolo precedente ho parlato, facendo un esempio calcistico, del fatto che preferisco che la nostra Azienda abbia procedure straordinarie e persone normali piuttosto che il contrario. Perché, come ho detto, con i campioni possiamo vincere qualche partita, ma con metodi super possiamo vincere il campionato.

Questo non significa naturalmente, lo avevo già accennato, che non sia necessario formare persone via via più competenti e consapevoli della propria competenza. In azienda, non dovrebbero mai esistere persone insostituibili, ma questo non significa che non si debbano formare e far crescere le persone. Il collante che tiene insieme un team di persone evolute in un sistema che comunque non vede anelli deboli è la cultura dell'azienda.

Cultura che non prevede di nascondere le informazioni dentro cassetti chiusi a chiave, cultura nella quale le informazioni circolano e le persone evolvono e imparano, giorno dopo giorno, ad acquisire via via sempre più competenze. Una situazione nella quale è sostenibile l'avvicendamento di persone in ruoli chiave.

Ma a questo fine è appunto fondamentale lavorare ogni giorno sull'evoluzione delle nostre persone. Personalmente, e credo sia un pensiero comune, non sono stimolato dagli yes man, da persone che mi danno ragione anche quando sono palesemente nel torto, piuttosto da persone che riescono a sollecitare la mia volontà di evolvere e che mi dicono che sto sbagliando. Persone che siano, nei propri ambiti, molto più brave di me.

Per disporre di queste persone, come dicevo, è necessario non puntare sulla competenza all'inizio ma sull'affinità ai nostri valori, che le skills si costruiranno a poco a poco in azienda. E queste competenze devono essere alimentate giorno dopo giorno. Le procedure dell'azienda e il sistema gestionale devono a questo proposito darci una mano: procedure e gestionale devono poter raccogliere e tramandare nel tempo le conoscenze e l'esperienza dell'Azienda.

Ed è importante che le persone, a poco a poco, si assumano responsabilità crescenti non tanto per avere qualcuno a cui "attribuire la colpa", quanto per dare progressivamente corpo ad un crescente coinvolgimento e identificazione delle persone nell'azienda.

A volte capita di incontrare persone che non sono disponibili ad assumere posizioni di responsabilità. È strano da dirsi ma capita. Non ci sono problemi, il problema sarebbe se la persona desse all'azienda una falsa aspettativa non sentendosi in cuor suo adatto a quel ruolo. Mi è capitato che una persona abbia voluto retrocedere dal ruolo di responsabilità che gli era stato assegnato perché, con una nuova evoluzione organizzativa aziendale, quel ruolo che pure presentava prospettive di crescita personale molto importanti, non gli dava soddisfazione.

Ma questo non deve rappresentare un problema; quella persona darà il suo grande contributo dalla posizione che si sente più addosso. Considero con questo che le risorse umane siano uno degli asset più importanti dell'azienda.

Alla fine di questa carrellata, unendo i puntini emerge che, tramite la standardizzazione dei processi, la loro semplificazione, il personale che cresce, e tutto quello di cui abbiamo parlato, il risultato finale è quello di giungere ad automatizzare l'azienda. Un'azienda che dipende a doppio filo dal proprio titolare o da alcune figure chiave o da circostanze speciali non ha un grande valore sul mercato.

Nel nuovo millennio i veri asset di un'azienda non sono l'immobile, i macchinari o l'avviamento. Ritengo invece lo siano i brevetti, le procedure, i processi, la capacità di poter produrre utili in qualsiasi condizione e nel tempo. Lo stesso gestionale diventa un asset importante dell'azienda non appena sia trattato e pensato come un vero gestionale.

Tipicamente il gestionale è il programma della contabilità. Se pensate che una parte importante del lavoro di un'azienda, la stessa figura del commercialista, siano soltanto costi che l'azienda deve sostenere per sapere, a fine anno, quante tasse deve pagare, diventa addirittura paradossale che il gestionale di un'azienda sia il programma che deve servire a supporto di tutto ciò.

Nella nostra considerazione invece il gestionale è il cervello dell'azienda, quel programma che contiene l'organizzazione dei processi gestionali e operativi dell'azienda e che rappresenta la linea guida, il manuale d'istruzioni parlante, che ogni giorno guida le persone nello svolgere il proprio mestiere.

Pertanto, automatizzare l'azienda non è soltanto un atto tecnicamente consigliabile, ma lo è anche da un punto di vista imprenditoriale e, più in generale, finanziario. Un'azienda che viaggia sulle proprie gambe anche se l'imprenditore è da un'altra parte, un'azienda che continua a produrre qualità e risultati anche se una figura storicamente chiave lascia o, più semplicemente, va in pensione, un'azienda che è in grado di controbattere alle aspettative del mercato e all'azione della concorrenza attraverso l'innovazione continua, pone le premesse per avere una storia di lungo periodo nella quale continuerà a produrre risultati, con regolarità, e con soddisfazione.

Questo è il valore di un'azienda, questo è il valore che cerchiamo di costruire dentro Superevo®. Non è un processo né breve né tantomeno facile ma questo è il lavoro dell'imprenditore.

Il lavoro costante, giornaliero, sulla standardizzazione e la semplificazione dei processi, sull'evoluzione delle competenze, sull'automazione della gestione a tutti i livelli, compresa l'innovazione, non è quindi un extra, qualcosa a cui dedicarsi quando c'è meno da fare, e quando spesso è troppo tardi, ma diventa un processo aziendale primario al pari di quelli produttivi.

Superevo® investe tempo, competenze e risorse ogni anno nel proprio processo di innovazione perché è convinta che soltanto un'innovazione costante dei processi sia in grado di andare incontro ai bisogni del Cliente; investe tempo, competenze e risorse ogni anno per allineare la produzione ai vincoli ambientali che ormai rappresentano uno standard nella vita di tutti i giorni. Tutte azioni che aiutano a difendersi dalla concorrenza.

La miglior difesa è l'attacco. Significa far parlare per noi l'innovazione dei processi, dei materiali e delle modalità di lavoro. Incontriamo, non di frequente, per fortuna, ma con una certa regolarità, aziende che in qualche modo cercano di contraffare i nostri brevetti.

Noi diamo molta importanza alla difesa della proprietà intellettuale; questo atteggiamento rappresenta una garanzia per i nostri Clienti, i quali ritrovano in noi persone che in prima persona riconoscono l'importanza di un'idea e di difenderla, Clienti che spesso sono costretti a loro volta a difendersi dai "copiatori seriali".

Indipendentemente dagli accordi di riservatezza sottoscritti con i Clienti, saremo naturalmente e culturalmente meno pronti a violare un segreto quando sappiamo quanto bruci scoprire che qualcuno, gratuitamente, sta facendo business sulla base della nostra ricerca, della nostra innovazione, dei rischi che ci siamo presi all'inizio di questa avventura.

Il rischio che vediamo, infatti, nei contraffattori non è quello che riescano a replicare quello che noi stiamo facendo, che non è scritto soltanto nei brevetti ma è frutto dell'esperienza dell'azienda, dei denti rotti e delle notti insonni. Ci preoccupiamo invece del fatto che la superficialità e l'improvvisazione di alcune aziende possa svalutare la percezione del valore della nostra tecnologia agli occhi del mercato.

Di fronte a questa concorrenza sleale non ci si difende solamente in tribunale, ma lo si fa evolvendo costantemente e migliorando costantemente il proprio livello di competenze, di specificità. Lavoriamo ogni giorno e mi piace pensare che, in generale, quando i contraffattori arriveranno a copiarci, noi saremo già da un'altra parte.

Cavalcare l'innovazione

Emerge qui un tratto distintivo di Superevo®, ovvero quello di essere un'Azienda volta naturalmente all'innovazione, animata da uno spirito che ha guidato l'azienda fin dalle prime battute e che continua ad indirizzare la nostra cultura e le nostre decisioni in merito al prodotto, all'organizzazione e all'esperienza che vogliamo offrire al Cliente.

Spesso la più grande fonte di innovazione è la semplice trasposizione di tecnologie, metodi o più semplicemente di idee che sono state efficacemente adottate in un settore diverso dal nostro. La stessa schiumatura a freddo, nel settore degli imbottiti, è un esempio di tale trasposizione.

Lo stesso Polimex® di fatto è una evoluzione che prende spunto da quello che avveniva da anni in settori diversi, e con obiettivi diversi e tecniche diverse, ad esempio nel settore delle scenografie o dell'edilizia.

Avere uno sguardo aperto a ciò che succede intorno a noi, essere estremamente curiosi, pronti a cogliere la direzione del vento, soprattutto con la grande quantità di informazioni disponibili sui social, nelle relazioni e in tutto quello che viviamo ogni giorno, diventa un elemento fondamentale per innovare costantemente la propria azienda.

Le imprese italiane, che in generale sono piccole imprese, anche quelle più grandi, se paragonate con le grandi multinazionali che dominano il mondo, e non mi riferisco soltanto alle aziende della Silicon Valley, ben difficilmente hanno la possibilità di introdurre innovazioni assolute: non mi aspetto che un'azienda di piccole dimensioni possa agevolmente inventare una nuova materia prima, oppure una nuova tecnologia rivoluzionaria che non esisteva in assoluto.

È invece più facile, intelligente, parlare di innovazione. Per innovazione intendo la capacità di adattare soluzioni già presenti in ambiti diversi a nuove applicazioni, che è ciò da cui normalmente derivano le nuove soluzioni che cambiano un settore.

Quello che manca di solito è di pensare che l'innovazione rappresenti un reale asset dell'azienda. Cosa che invece è.

Andrebbe scritto negli statuti delle imprese che, oltre a costruire mobili, o a lanciare missili o fare quello che fanno, devono essere impegnate giornalmente a innovare i propri processi.

L'imprenditore e l'impresa, per come la intendiamo noi, deve essere orientata a trasferire nella propria produzione innovazioni che arrivano anche da altri settori interpretandole in una maniera personale, unica e inimitabile.

Andare oltre le aspettative del Cliente

In questo capitolo ho voluto descrivere tutti quegli elementi della gestione aziendale che, a nostro avviso, ci consentono di competere ai massimi livelli e di ottenere risultati diversi dagli altri.

Ma tutto ciò di cui abbiamo parlato, dall'innovazione, l'argomento con il quale abbiamo chiuso e che rappresenta un caposaldo, all'automazione dell'azienda, hanno un unico superiore obiettivo: offrire al cliente un'esperienza di acquisto unica e straordinaria.

È la nostra mission che ritorna prepotentemente, e in maniera completa. La nostra Mission dalla quale non possiamo sottrarci e che rappresenta la nostra unica grande e luminosa stella cometa. Che ci guida nei momenti di difficoltà e che nei momenti di maggiore splendore dell'azienda ci ricorda perché esistiamo, qual è il nostro fine.

Che vuol dire mettere in gioco le competenze tecniche, l'organizzazione e le risorse, ma anche noi stessi. In generale, possiamo avere delle procedure super organizzate, una gestione aziendale volta al massimo risultato, essere delle entità riconosciute universalmente come leader del proprio settore, ma se non ci riconosciamo con la nostra mission potremmo rischiare di proporre ugualmente al cliente un'esperienza di acquisto non proprio indimenticabile.

Perché quell'addetto è difficilmente raggiungibile, perché risponde in maniera non "umana", anche se professionalmente ineccepibile, perché i costi sono esosi e, quindi, fuori mercato. Esistono aziende del nostro settore che, oltre a dare un servizio ai propri clienti, spesso ne diventano in qualche maniera concorrenti.

Un comportamento che nulla ha a che vedere con le capacità di queste aziende, spesso di prim'ordine, ma certamente da biasimare perché le aziende clienti, che sono attente a questi aspetti, non si faranno sfuggire la prima occasione utile per far capire a questi imprenditori "estroversi" quanto sia sbagliato il loro comportamento.

Il nostro impegno come Superevo®, oltre a quello che facciamo ogni giorno, è di tenere costantemente nella testa delle nostre persone, e questo è probabilmente uno dei miei più importanti compiti, il Cliente, che si merita sempre la risposta migliore e più tempestiva possibile. E l'atteggiamento umano più disponibile di cui siamo capaci.

E questo anche quando si tratta di un cliente passeggero, o di un pirata dell'Innovazione, colui che vuole dire semplicemente che ha provato quel materiale e che magari non gli è piaciuto, o magari che va in giro a parlar male di noi anche se non ci conosce.

Il vero controllo di sé stessi, sinonimo di autonomia e indipendenza, il vero essere impresa, si sostanzia nell'avere un proprio codice che salvo casi eccezionali, consentitemelo, è indipendente dalla qualità dell'interlocutore. Ma questo codice è anche un modo per selezionare i propri clienti.

Perché non tutti i clienti sono Clienti. Non è un gioco di parole, ma mi serve per dire che alla fine ci sono delle aziende con cui è più naturale collaborare per affinità commerciale, ma anche per una sintonia caratteriale, per affinità culturale, per visione del mondo degli affari e della vita in generale.

Con questi Clienti, esplicitando chiaramente la nostra natura, i nostri valori, la nostra mission, il nostro modo di essere, credo sia più facile, ogni tanto, allacciare relazioni durature e vere che vanno oltre il rapporto professionale ma diventano veri e propri rapporti personali.

Insieme al MOL è la cosa che dà più soddisfazione e che ci da l'energia e l'entusiasmo ogni giorno per mettercela tutta.

Capitolo 7
La vita come un lungo viaggio

Mi piace pensare alla vita non come una corsa ad ostacoli ma piuttosto come ad un lungo viaggio. Durante il percorso si incontrano ostacoli, difficoltà, abbiamo crisi di vario genere e andiamo nel panico perché perdiamo posizioni e pensiamo che non saremo più in grado di recuperare il terreno perduto.

Ma se la vita diventa una lunga maratona diventiamo immediatamente consapevoli che ci sarà modo di recuperare, ci sarà modo di fare quello che non abbiamo fatto o quello che ci siamo persi; l'importante è rimanere sempre concentrati sulla meta e sul percorso.

Non si va avanti dando spinte a destra e a sinistra, si corre invece guardando chi abbiamo di fronte e pianificando nel lungo periodo il modo per andare più veloci, per riuscire meglio e prima a raggiungere quegli obiettivi che tanto ci stanno a cuore.

La metafora della maratona serve anche a richiamare l'attenzione sull'importanza di perseguire i nostri obiettivi in maniera felice, perché il percorso è altrettanto importante della meta, perché quel percorso è la nostra vita.

C'è sempre una seconda possibilità

"La vita ci offre sempre una seconda chance". Quante volte ce lo siamo sentiti ripetere. Magari in una fase di crisi e sempre in occasione di un fallimento.

Capita di fare errori e di sbagliare completamente direzione. Quando succede rischiamo di perderci eppure abbiamo sempre la possibilità di tornare indietro e di recuperare. Ma fallire non ci piace e questa storia della seconda possibilità ci fa provare rabbia.

Facciamo un passo indietro: sono convinto che molti di voi diano per scontato che comunque, in qualche modo, riusciranno nei loro obiettivi. E molti sanno, in cuor loro, che questo tipo di atteggiamento il più delle volte non deriva da un'analisi razionale della situazione quanto, più spesso, da una fede o, la definirei, da un'incoscienza di fondo se non da una superficialità delle valutazioni. Siamo concentrati profondamente sul volere l'obiettivo ma non facciamo abbastanza, o tutto quello che serve, per poterlo conseguire, e regolarmente la cosa va male.

È in quel momento che monta quel senso di scoramento

accompagnato dai classici del genere "non riuscirò mai a combinare nulla di buono", "Non ce la farò mai", "Ma chi sono per potercela fare" e così via discorrendo. Lo schema è collaudato: lo sbaglio diventa l'occasione perché "noi siamo sbagliati".

Invece il problema non siamo noi quanto il nostro modo sbagliato, a volte, di affrontare i problemi. Magari, dovremmo spendere un po' più di tempo nel pianificare i nostri progetti, nel ricercare e destinargli le giuste risorse e nel trovare le collaborazioni che servono.

È che a volte non abbiamo un solo obiettivo, ne abbiamo decine e tutti sono ugualmente importanti. È la premessa per il fallimento perché non avremo abbastanza focus ed energia da dedicare a ciò che conta veramente. Avrete sentito anche voi il detto "vivi ogni giorno come se fosse l'ultimo e pensa come se non dovessi morire mai". Potrebbe funzionare.

Per fare chiarezza nella nostra vita e nell'individuare immediatamente quei 2-3 obiettivi o quell'unico obiettivo che conta davvero, perché farebbe la differenza, e dedicarcisi anima e corpo. Sarebbe utile ogni tanto ricordarsi anche che siamo uomini, non supereroi. Abbatterebbe l'ansia del risultato e contribuirebbe a porci nella condizione giusta per programmare adeguatamente i nostri obiettivi e per avere la pazienza di portarli a termine.

Pazienza, una parola magica della quale ci ricordiamo troppo di rado e che invece ritengo sia fondamentale per raggiungere gli obiettivi. Pazienza e perseveranza sono delle buone alleate dei nostri buoni risultati. Allora, se anziché di ambizione e di superficialità procedessimo verso i nostri obiettivi armati di ambizione, fiducia e impegno, pazienza e perseveranza, credo diventerebbe più facile conseguire quegli obiettivi, ma soprattutto farlo in una maniera sostenibile, per gli altri e per noi stessi.

Diventerebbe facile offrirci una seconda possibilità perché saremmo consapevoli del fatto che siamo uomini, e che il massimo che possiamo fare è “fare del nostro meglio”. Nella lingua inglese esiste un termine, achievement, che esprime a mio avviso in maniera completa il senso di restare focalizzati sull’obiettivo e di renderlo parte stessa della propria vita.

La traduzione letterale spazia dal raggiungimento alla realizzazione al risultato alla conquista al successo e così via. Con il termine achievement, che è uno dei valori che ispirano la mia vita, non identifico soltanto il risultato finale ma ciò che serve per aspirare a raggiungerlo: la concentrazione, la focalizzazione, la tensione umana e psicologica costante sull'obiettivo, ovvero tutta quella serie di sentimenti che ci fanno vivere in armonia e in completezza con il nostro obiettivo.

L'obiettivo non è più qualcosa che è fuori di noi, ma è una parte essenziale della nostra vita, è il motivo per il quale la mattina ci alziamo e per il quale ci facciamo il c*** tutto il giorno fino a che non siamo stremati. È quella tensione costante che ci fa percepire qualsiasi segnale che viaggia nell'aria e che potrebbe essere funzionale a quello che stiamo cercando di realizzare.

È quella caratteristica che ci rende così attrattivi nei confronti di chi ci sta di fronte perché noi e il nostro obiettivo siamo la stessa cosa. È l'achievement che ci fa riconoscere da subito le situazioni che potrebbero essere funzionali al nostro obiettivo, gli strumenti di cui potremmo avvalerci, a saper riconoscere le persone che possono essere davvero nostri partner e coloro che invece, purtroppo, ci farebbero solamente perdere tempo.

Dice un detto che per il marinaio che non sa dove andare non ci sarà mai vento a favore. L'achievement è l'esatto opposto, in positivo; presuppone che sappiamo esattamente dove vogliamo andare e che, di conseguenza, siamo in grado di riconoscere qualsiasi soffio di vento, qualsiasi segnale del moto delle onde che possano aiutarci ad individuare la direzione giusta nella quale indirizzare la nostra barca.

L'achievement è un grande indicatore luminoso posto in bella vista e che tutti possono vedere; ci rende talmente congruenti con i nostri obiettivi, talmente coinvolti in un unicum con questi che diventiamo credibili anche per coloro che vorranno fare il nostro stesso percorso e contribuire con noi a raggiungere il risultato ambizioso, sfidante, coinvolgente che ci siamo dati.

È l'achievement che ci da forza quando un risultato non arriva o quando qualcuno ci dice che non ce la faremo, perché ci fa concentrare sul passo successivo, sulla prossima azione da fare, sul prossimo sforzo da compiere. È l'achievement che ci garantisce di mantenere la rotta e di non uscire mai fuori percorso. È una scia luminosa che illumina la notte e che ci indica sempre il cammino.

L'importanza di riconoscere le situazioni giuste

Questa consapevolezza, oggi che sono adulto, fa sì che sappia riconoscere le persone giuste che ho incontrato, coloro che mi hanno dato le lezioni, anche dure, che oggi riconosco essere state fondamentali per farmi fare il cambio di passo necessario o per avermi rimesso in pista. A queste persone io devo dire solo grazie.

Vivere, soprattutto all'inizio della nostra attività professionale o quando ci siamo ritrovati a fare una qualsiasi scelta difficile, penso a volte che sia come vagare nel deserto alla ricerca disperata di un sentiero battuto; se sapremo meritarcelo, quel sentiero rappresenterà la nostra mission, la strada dritta e definita che ci porterà dritti verso il nostro destino. Viceversa, dovremo continuare a cercarlo.

Le persone giuste sono coloro che sanno darci la dritta giusta, sono coloro che ci insegnano il valore delle cose, l'importanza di saper trattare le persone nella maniera corretta, di dare valore a chi merita e trascurare chi invece, ci fa solo sprecare tempo e occasioni.

L'ambiente nel quale viviamo ci influenza in ogni momento: si dice che le 5 persone con le quali viviamo più a più stretto contatto siano quelle sulle quali setteremo il nostro modo di pensare, i nostri obiettivi e che influenzeranno di più le nostre scelte. Con questo non voglio dire "fate attenzione a chi frequentate!", ma certo la capacità di riconoscere le persone giuste è una abilità che può avere un'importanza determinante nel facilitare e velocizzare il nostro percorso di crescita e il raggiungimento dei nostri obiettivi.

Le persone giuste soprattutto sono in grado di farci riconoscere il nostro valore, perché, anche se criticano il nostro operato o sono brutalmente sincere con noi, sono quelle che ci fanno sentire un costante "abbiamo fiducia in te", "ce la puoi fare".

Le persone che hanno contato, come ho già detto, hanno un posto importante nella mia vita e ogni giorno gli sono grato anche se magari non le incontro da anni. Paradossalmente, però, hanno avuto una grande importanza anche le persone che avrei potuto evitarmi di incontrare.

Anche queste mi hanno insegnato qualcosa, come lo avranno insegnato a voi: che cosa non vogliamo essere, che cosa non vogliamo fare, come non vogliamo sprecare la nostra vita. E per quanto non abbiano alcuna importanza, hanno il merito di averci provocato quel "sano dolore" che, in una certa fase della nostra vita, ci ha dato il calcio nel sedere che serviva.

Se dove oggi ci troviamo è la sommatoria di tutte le scelte e di tutte le circostanze che hanno segnato la nostra vita, ognuna delle persone che abbiamo incontrato e le situazioni che abbiamo vissuto sono state ugualmente importanti per portarci dove oggi ci troviamo.

Seguite sempre la vostra stella

Se nella nostra testa la mission non è abbastanza forte, se non abbiamo abbastanza chiaro dove vorremmo andare e perché vorremmo arrivarci, spesso saremo vittime di persone che invece lo hanno chiarissimo. Ovvero, se non abbiamo la forza e la determinazione e il focus per vivere la vita che vogliamo, spesso saremo costretti a vivere la vita di qualcun altro.

Vivere la nostra vita significa mettere a frutto ogni istante che ci è concesso e ricordare in ogni momento di fare ogni giorno, in ogni istante della nostra vita, ciò che riteniamo sia importante per noi. La probabilità di fare errori ci sarà, e sarà alta, ma lo sarebbe anche se pensassimo di rimanere ad aspettare gli eventi. E in effetti l'essere concentrati in maniera forte su quello che noi vogliamo, riduce i margini di quello che riconosciamo come errore perché da un senso a tutto ciò che decidiamo di fare, anche le cose che si rivelano sbagliate.

Nella mia esperienza personale, riconosco i molti errori fatti, le scelte che mi avrebbero limitato la fatica, che non mi avrebbero distolto dai miei obiettivi e mi avrebbero evitato di perdere tempo.

In quei momenti credo che ciò che ci conduce fuori dal tracciato non sia la distrazione o la superficialità delle scelte, quanto la paura di non farcela, di non riuscire davvero a inseguire i nostri sogni. È umano fare errori ma non è giusto vivere e fare le scelte con la paura di sbagliare; coloro che vogliono ogni giorno migliorarsi, che hanno chiaro il senso del risultato, il perché di quello che fanno, che fanno la propria parte, persone che valgono e che arricchiscono il mondo intorno a sé, meritano di liberarsi dalla paura e di vivere invece guidati dalla curiosità, che è l'esatto opposto della paura.

Nella vita l'unico peccato è di non provare a vivere la propria vita. Vi sarete chiesti anche voi mille volte chi sia la persona che conta di più nella vostra vita; per tanto tempo ho avuto timore di darmi la risposta perché avrei risposto che quella persona sono io stesso.

Ma crescendo (o invecchiando come direbbero le mie figlie) ho compreso che ciò che conta davvero non siamo noi stessi, ma lo scopo per cui ci battiamo, il perché siamo in questo mondo e ciò che vogliamo contribuire a lasciare dietro di noi.

I nuovi progetti

In questo libro ho cercato di sintetizzare quella che è stata la mia personale esperienza di vita, ciò da cui sono partito, gli errori e le difficoltà che ho incontrato, le opportunità e i campioni che ho incontrato, quei piccoli risultati che ritengo di aver raggiunto e le esperienze che ho ritenuto importante condividere con tutti voi.

Spero sia emersa da queste pagine la grande passione con la quale ho vissuto tutto ciò che ho cercato di vivere, ciò che faccio ogni giorno e quello in cui credo. E spero che queste pagine, per quanto lacunose, per quanto criticabili da tanti punti di vista, possano essere di ispirazione a fare cose nuove, ad intraprendere quel progetto da sempre rimandato e tutte le sfide, professionali e personali, che ritenete importante affrontare.

Da parte mia, quello di cui vi ho parlato rappresenta la base sulla quale sto cercando ogni giorno di costruire il mio futuro. Siamo sempre in continua evoluzione e domani avremo pensieri diversi, più evoluti o anche no ma certamente diversi rispetto a quelli attuali; l'importante dal mio punto di vista è che ci sia sempre lo stesso filo conduttore a guidare la nostra vita, ovvero la ricerca di un'eccellenza prima di tutto personale che sia di contributo agli altri.

Sto lavorando da tempo a nuovi progetti che rappresentano il futuro prossimo della mia vita personale e professionale. Sono tutti progetti ispirati alla mia personale mission che è quella di offrire prodotti e servizi innovativi che possano effettivamente migliorare la vita delle persone.

Il primo progetto è legato alla messa a punto e alla commercializzazione del materiale evoluzione del Polimex®, di cui vi ho accennato che, nelle nostre intenzioni, completerà e affiancherà il Polimex® nell'offrire al Cliente nuove possibilità per creare prodotti diversi e con caratteristiche nuove rispetto a quelle attuali.

Il secondo progetto, anche questo connesso allo sviluppo e all'utilizzo di un nuovo materiale strutturale, ci darà invece la possibilità di commercializzare una fattispecie di prodotti completamente nuovi per il mercato e di proporli direttamente al mercato consumer. Abbiamo quindi l'ambizione di arrivare al consumatore finale, ma abbiamo anche i valori giusti per farlo in un modo che non ci metta in competizione con i nostri Clienti, con coloro che ogni giorno ci affidano con fiducia i loro progetti e condividono con noi i loro obiettivi futuri.

Questo progetto, oltre a non confliggere con l'attività di

Superevo, ritengo che ci darà la possibilità di evolvere come azienda e come persone e rinsalderà la fiducia dei Clienti nelle nostre capacità tecniche e imprenditoriali.

Sto, infine, lavorando in un settore completamente nuovo e di grande attualità, ad un servizio rivolto al settore "consumer" che ridisegna, nelle intenzioni del nostro gruppo di lavoro, l'esperienza di acquisto attuale delle famiglie e delle imprese.

Tutti i nuovi progetti sono legati da un comune filo conduttore, che è la sostenibilità ambientale di cui ho ampiamente parlato nel corso del libro, perché penso che dalla sostenibilità non si possa prescindere, mai.

Porto in questi nuovi progetti gli sbagli fatti e i denti rotti, ma anche la consapevolezza che "si può fare". La possibilità di fallire è reale, ma posso serenamente affermare che non mi interessa più di tanto; quello su cui sono focalizzato non è tanto la possibilità di fallire ma l'opportunità di centrare l'obiettivo. E ogni centimetro cubo del mio corpo è concentrato su questo.

Cercherò, di riversare su questi nuovi progetti l'entusiasmo, l'esperienza e questa tendenza a costruirmi le opportunità di cui ho parlato. Sono un uomo, ce la posso fare.

Conclusione

Siamo giunti al termine di questo breve manuale. Spero di essere stato un buon compagno e, se sarò stato fortunato, di aver ispirato in qualche maniera qualcuno di voi.

Abbiamo parlato della fortuna, un concetto immeritatamente sopravvalutato da molti e arma di distrazione di massa utilizzata dai più. Vi ho confidato alcuni segreti di me e del mio modo di pensare, ho parlato dei miei valori e della tensione costante tra il seguire la folla e scegliere di percorrere la propria strada.

Ho raccontato l'origine della mia avventura imprenditoriale, delle difficoltà che ho affrontato insieme ai miei compagni di viaggio e di come, grazie ad una fede incrollabile, siamo riusciti a costruire la Superevo di oggi. Vi ho descritto il Polimex®, la nostra tecnologia esclusiva, e di come si distingua dai metodi costruttivi tradizionali.

Infine, vi ho anticipato i miei progetti futuri di cui spero di parlarvi tra non molto. Considero questo libro un primo passo per farmi conoscere e per parlare di me, della mia visione della vita personale e professionale e del modo in cui questi due aspetti, quando siamo davvero fortunati, inevitabilmente finiscono per coincidere.

Non esiste per me, e spero per tanti di voi, un orario di lavoro, perché non esiste davvero un lavoro; esiste invece una passione, che è diventata anche una professione, e che ogni giorno assorbe completamente la nostra mente. È l'augurio con il quale voglio salutarvi.

Se volete potete lasciarmi vostri commenti nei riferimenti che trovate a seguire; spero in ogni caso che vorrete darmi un vostro sincero feedback.

Per il resto, ci vediamo presto da qualche parte.

@ f.salvadori@superevo.it
www.superevo.it
superevo
Fabio Salvadori
superevo
superevo_shaping_design/

www.ingramcontent.com/pod-product-compliance
Ingram Content Group UK Ltd.
Pitfield, Milton Keynes, MK11 3LW, UK
UKHW022023190726
13853UKWH00005B/2073

9 788861 749375